監修者――佐藤次高／木村靖二／岸本美緒

［カバー表写真］
『祝典の書』ガラス職人行進図
（1582-83、トプカプ宮殿博物館）

［カバー裏写真］
カット装飾瓶
（10〜11世紀、フスタート遺跡出土）

［扉写真］
ハリーム（女性の間）
（1875年頃、フランク・ディロン画）

世界史リブレット 76

イスラームの美術工芸

Shindō Yōko
真道洋子

目次

「モノ」が語る文化

過去の人間の歴史を知ろうとするとき、それを探る手立てとして、文字で書き記された文献資料、言葉で伝えられた口頭伝承、そして残された遺構、遺物、美術品などの物質資料がある。

われわれの生活のなかにはさまざまな物質があり、人が営みを終えたのちに、遺品として分与されたり、処分されたり、放置されたりしてあとに残る「モノ」がある。「モノ」は、文字資料のように雄弁に語りはしないが、精査し、比較検討、類推・考察などをおこなうことで、当時の人びとの生活をありのままに映し出す鏡となりうる。

それでは、「モノ」からなにを知ることができるのだろうか。それは、その

カイロ旧市街

性質によって異なる。例えば、芸術家のメッセージが込められたものや美を追求したものは、それを鑑賞する人がいてはじめて真価が発揮される。また、素材や製作技法などの分析や解明からは、当時の人間の技術や科学的知見の発達や変遷を知ることができる。さらに、考古学的調査によって発掘された遺構や遺物からは、人びとの生活や文化を類推することが可能である。

本書であつかうテーマは、「イスラームの美術工芸」である。芸術とは鑑賞の対象となるものを人為的に創造する技術、美術とは美を表現する芸術、と定義されるように、鑑賞を前提としたものである。一方、工芸は「機能」と「装飾」との両面を調和させて、日常生活に役立つ物品を制作する造形美術の一つであると定義されよう。このような定義にもとづくと、ここで対象とする「モノ」は、かならずしも芸術品や美術品ではない。

イスラームの教義では、原則的に音楽や美術など、心を乱すようなものにたいして肯定的ではないため、芸術と呼べるような分野が他の地域のようなかたちでは発達していない。それでも、宮廷文化が花開き、一般の生活にも彩りを与える装飾的な要素は多分に見受けられる。事実、後世のわれわれから見ても、

カイロに残るワカーラ（隊商宿）

美なるものは存在している。このような製品がここでの対象の一つである。

また、科学技術の分野で顕著なように、近代文明の礎となったさまざまな技術はイスラームに負うところが大きい。ギリシア、ローマの古典期に発達したさまざまな技術・学問は、七世紀に興ったイスラームが継承し、そこでアラビア語に翻訳された。そして、多くの書物が、再度、ルネサンス期にアラビア語からラテン語に翻訳され、その後の近代ヨーロッパ文明の礎となった例は枚挙に暇がない。機械工学、化学技術、建築、さまざまな工芸、製作技術などの分野においても然りである。重要なのは、これらの諸技術を、イスラームにおいて、おおいに発展させていたという事実である。

歴史研究の分野でも、これまでの、西洋史、東洋史、日本史の枠におさまりきらないイスラーム史が、世界史に与えた影響がひとかたならないものであるという認識が深まりつつある。さらに、これまで歴史の中心課題であった政治・経済史から、社会史、東西交渉史へと研究の観点も広がっている。しかし、残念ながら、文化史においては、優れた芸術や学問などを時代順に列挙するにとどまることが多い。これは、精神文化がかならずしも継承されるものではな

ラスター彩陶器（九世紀、ロンドン、キアー・コレクション）

く、ある特定の天才によってつくりだされ、とだえる場合も多いことによるからであろう。一方、物質・精神文化を中心とする文化史を広義で考えれば、人間の創造物すべての文化財が対象となり、一般庶民の造形物も無論含まれることとなる。脈々と受け継がれるこれらの伝統技術にこそ、時代の背景や変化を読み取る鍵があるように思われる。

近年、中近東考古学の分野では、イスラーム考古学の伸展がめざましい。考古資料と文献資料を活用する歴史考古学の手法の確立、現代国際社会におけるイスラーム世界の重要性にたいする認識などがその背景にある。これによって、今まで、宗教や思想などの精神文化が研究対象の中心であったイスラーム研究が、物質文化に研究領域を拡大している。そして、「モノ」をあつかう場合、伝世品ではなく、出土地点が明らかな考古学的に発掘された資料が、直接当時の生活や文化を考えるための重要な史料となるのである。

①—イスラーム美術と考古学

イスラーム美術

神の啓示を受け、イスラームの教えを広めた預言者ムハンマドは、西暦六二二年にメッカからメディナにヒジュラ(移住)をおこなった。これがヒジュラ暦と呼ばれるイスラーム暦の元年となる。イスラームのもっとも重要な根本聖典である『クルアーン(コーラン)』は、宗教的な教義だけではなく、礼拝や巡礼などの儀礼的規範、道徳、礼儀作法、および、婚姻・相続・商売などの法的規範までが語られ、一般的に考えられている宗教の枠をこえて、政治、経済、社会活動、生活にいたるまでの内容を包含している。

イスラーム美術という場合、キリスト教美術と呼ばれるようなものと同格ではない。イスラームでは偶像崇拝を禁じ、唯一の創造主である神への冒瀆《ぼうとく》となるため人物や動物などの図像は描くことが禁じられている。したがって、信仰の対象となるような宗教にかかわる聖像画や聖像、十字架のようなシンボルは存在しない。それでもなお、イスラーム美術という呼称があるのは、西洋的な

▼ムハンマド(五七〇頃〜六三二) 神の使徒として、アブラハム、モーセ、イエスなどにつぐ最後の預言者と位置づけられている。

▼メッカ アラビア半島西部に位置する預言者ムハンマド生誕の地。この町にあるカーバ神殿がイスラームのもっとも神聖な場所で、ムスリム(イスラーム教徒)はこの神殿に向かって礼拝をおこなう。

▼ヒジュラ メッカでの布教活動をあきらめた預言者が、新たな神の道にはいるためにメッカからメディナに移住したことを指す。これがイスラーム国家発展の出発となったと認識されている。

▼ヒジュラ暦 六二二年のヒジュラを元年とする太陰暦で、一年が一二カ月、三五四日である。閏月をおかないため、太陽暦より一一日短く、毎年ずれが生じる。

▼クルアーン 六一〇年から六三二年にムハンマドが受けた神の啓示を記録したもっとも重要な聖典である。これは神が語った言葉で、それ

がアラビア語であったことから、いっさいの加筆および翻訳は否定されている。これを補足するために、ハディースと呼ばれる預言者の言行録やコーラン解釈学が発展した。

▼サーサーン文化　二二六〜六五一年にかけて、イスラーム勢力に征服されるまでイランで繁栄したサーサーン朝は、ヘレニズム様式や周辺の諸要素を融合した文化を展開した。銀器、ガラス器、織物など、シルクロードをつうじて、中国、日本にも製品や影響がもたらされた。

▼オスマン帝国（一二九九〜一九二二年）　小アジアから興ったトルコ系王朝。ビザンツ帝国の首都コンスタンティノープルを陥落させ、ここに遷都し、イスタンブルと改名した。十六世紀に最盛期をむかえ、大帝国を築いた。

概念であると同時に、宗教にとらわれず、イスラームの教えが広まった地域や国家のもとで花開いた美しい造形物の数々が存在するからである。その版図は最大でイベリア半島から中央アジアにまでおよび、少なからず影響を受けた地域は、ユーラシア大陸およびアフリカ大陸全土、東南アジアにまでおよんでいる。この範囲には、さまざまな民族、宗教、文明が存在しており、イスラームは、基本的にこれらの優れたものを尊重し、吸収し、融合させていった。

　これまでイスラーム美術の対象として、モスク建築およびそれに付随する建築装飾、写本およびミニアチュール（細密画）、金属器、陶器などが取り上げられてきた。地域でみると、ペルシア、トルコ語圏の製品が多い。これらの製品は、繊細かつ緻密で洗練され、色合いも美しく、多くの研究者、美術愛好家の関心を引きつけてきた。

　ペルシアでは、イスラーム期にはいってからも、華麗なサーサーン文化▲の流れが連綿と引き継がれていた。一方、アナトリア半島は、十五世紀までビザンツ帝国の領土で、イスラーム化は遅く、イスラーム化したトルコ族がアラブを征服してオスマン帝国▲を築いたのである。このように、ミニアチュールなどの

●——ハリーム（女性の間）のマシュラビーヤ（寄木細工）の窓
（カイロ、スハイミー邸）

●——陶製ミフラーブ（一二頁参照）（十二〜十三世紀、中近東文化センター）

真鍮製燭台（十五世紀、カイロ、イスラーム芸術博物館）

絵画を発展させた地域が、アラビア語圏イスラーム文化の中心地から遠く、アジャムと呼ばれる非アラブの世界であったことが、独特の美術様式を発展させた要因の一つであると指摘できる。

一方、イラク、シリア、エジプトなどの地域は、全体として、質実剛健、実用重視の傾向がみられる。そして、グローバルなイスラーム世界の活動のなかで、さまざまな地域や文化の人や技術が流入し、技術の融合、開発が進み、しだいに、大量生産されるようになった製品が民衆のなかに浸透していった。

イスラームの工芸

イスラーム美術の対象として取り上げられてきた製品の多くは、美術品というよりもむしろ生活のなかで使用された装飾性の高い工芸品に位置づけられる。奢侈《しゃし》品ともいえるこれらの製品には、金属やクリスタルなどの高級素材が用いられ、宮廷や富裕な階級のサロンを飾った。

精巧な細工がほどこされた金属器は、当初、サーサーン文化を継承するイラン北部で製作されていたが、しだいに、シリア、エジプトなどでも彫金された

▼**押型陶器**（九世紀、中近東文化センター）　陶器本体に型を押しあてて、型に彫り込んだ文様をつけた陶器。

▼**多彩釉刻線陶器**　胎土に彫り込んだ刻線と数色の釉で装飾した陶器。

▼**白釉藍彩陶器**　白い素地の上にコバルト発色の藍色で文様を描いた陶器。

大型容器が広まった。高価な金器、銀器はまれで、残存する金属器の大半は銅器もしくは真鍮製である。十四世紀のマムルーク朝期には、個人用および儀式用に用いる水盤、水注、燭台、香炉、クルアーンをいれる箱など、透し彫りや金・銀の象嵌《ぞうがん》をともなう豪華な製品が製作され、様式的にも技術的にも最高水準に達した。騎馬人像や宴会図など、イラン起源のデザインも取り入れられると同時に、高度に装飾化された文字文と唐草文が器体全面をおおった。このパターンは、同時代のエナメル彩装飾ガラスや陶器、木器など、その他の工芸にも影響を与えている。

　土器の上にガラス質の釉《ゆう》がかけられた施釉《せゆう》陶器は、イスラームで大きな発展をとげた工芸品である。サーサーン朝ペルシアでは淡色のアルカリ釉、東地中海地域ではローマの鉛釉の伝統があったが、初期イスラーム時代になるとイラクやエジプトで鉛釉を使用した陶器が成立した。その後、おのおのの時代や地域で、アルカリ釉およびさまざまな比率の鉛釉が登場し、色彩も豊かとなり、さらに、中国から輸入された磁器や各地のスタイルが融合され、独特のイスラーム陶器を形成していった。押型陶器▲、多彩釉刻線陶器▲、白釉藍彩陶器▲、スリップ彩陶器▲、ラスター彩陶器などさまざまな技法を用いた陶器がつくりだされた。なかでも、ラスター彩陶器は、銀、銅などの金属化合物を顔料に用いて彩画し、低温で焼き付けることで、金属的光沢をかもしだした陶器で、このような光沢を出すためには、顔料の調合はもとより、焼成時の窯の温度、酸素の量など、極めて熟練した知識と技術が必要とされた。これは、金属器の代用として珍重されたと考えられている。

このほかにも、クリスタル製品、象牙・骨製品、カーペットなどに優れた製品が多い。また、床や壁面を飾るタイルやステンド・ガラス、さらに扉などの建築装飾に非凡な才能が発揮されている。

イスラーム建築

建築という分野は、美術の対象ともなるが、それ以上に、人びとの生活の基盤であり、活動の拠点として重要である。そして、それぞれの地域、時代に適合した建築物を創出した。

イスラーム建築のなかでもっとも重要な建造物は、モスク（マスジド）▲である。

▼スリップ彩陶器　胎土の上にかける化粧土をスリップと呼ぶが、このスリップで文様を描いた上に釉薬をかけた陶器。

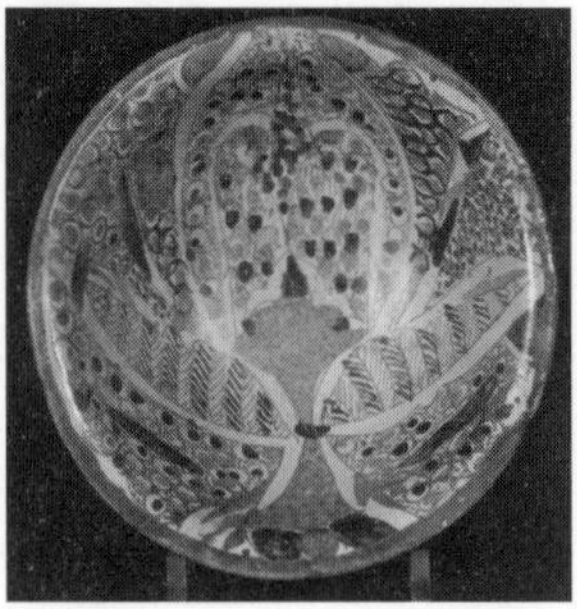

多彩ラスター彩陶器（九世紀、ロンドン、キアー・コレクション）

▼モスク　アラビア語でマスジドといい、ムスリムが礼拝をおこなう場所のこと。ヒジュラ後、メディナに建てられた預言者の家の中庭が最初のモスクとされる。

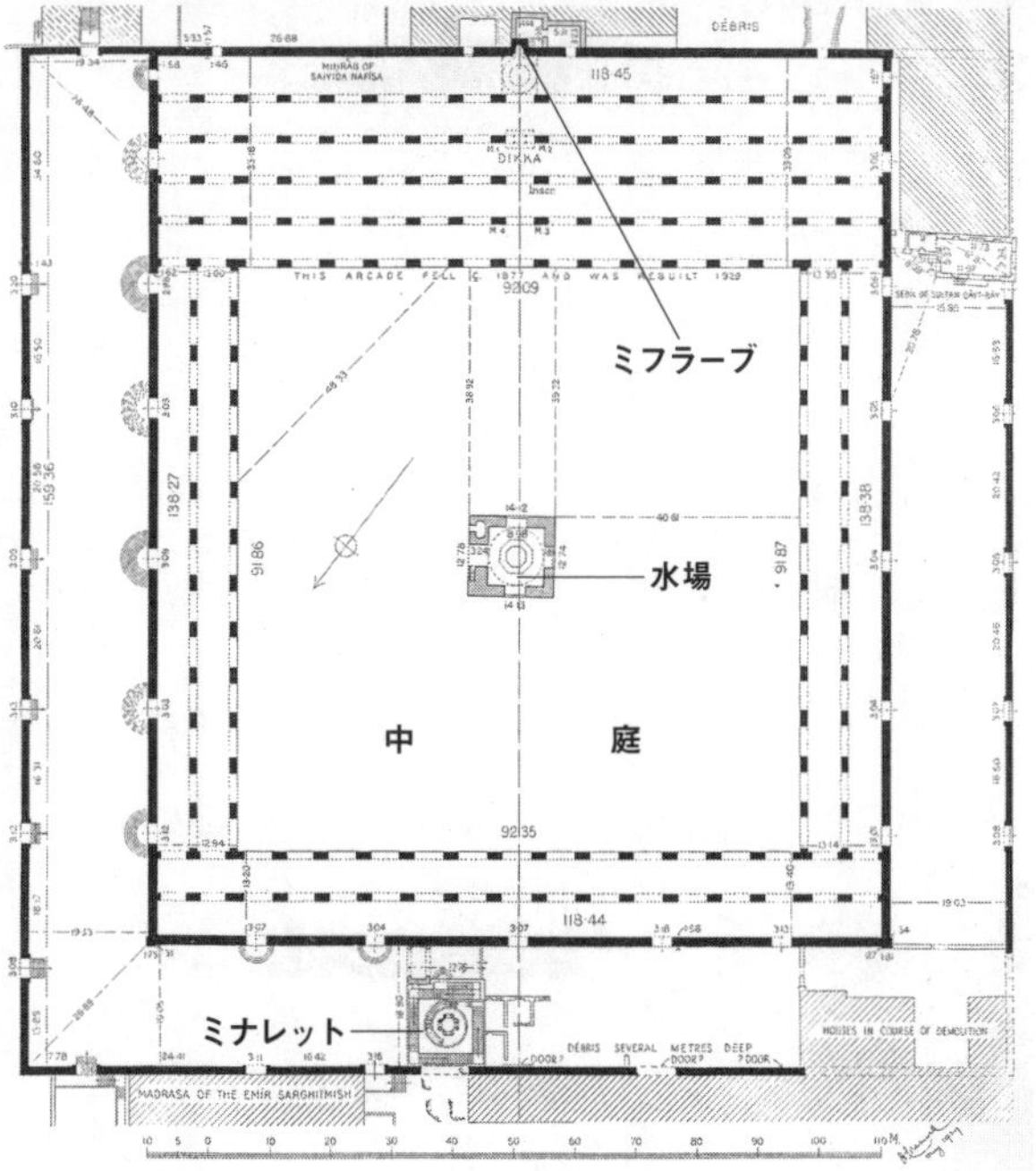

●—**イブン・トゥールーン・モスクと内部プラン**　エジプト、カイロ南部に位置する、現存するエジプト最古のモスク。トゥールーン朝の祖、マフマド・イブン・トゥールーンによって建立され、アッバース朝の首都サーマッラーの様式を取り入れている。

モスクは、礼拝をおこなう場であり、集団礼拝をおこなうための大きなモスクをマスジド・ジャーミーと呼んだ。モスクは、たんに宗教的施設であるだけではなく、簡易裁判所、研究・教育の場、政治の場、情報交換および社交の場、宿泊施設など、さまざまな機能を備えていた。権力者は競ってモスクを建立して寄進し、維持・運営はワクフ(公益基金)▲によってまかなわれた。モスク内部は非常に簡素で、キブラ(礼拝の方向)▲を示すために壁につくられたミフラーブ(アーチ形の壁龕《へきがん》)▲、導師が説教をおこなうときに使用するミンバル(説教台)▲のほか、クルアーン台や読誦者のための台座、吊りランプなどがあるにすぎない。やがて、礼拝を知らせるためのアザーン(呼びかけ)▲をおこなうミナレット(塔)▲も聳《そび》えるようになり、ムカルナス(鍾乳石装飾)と呼ばれるドーム装飾や壁面タイル装飾などに、イスラーム独自の美的表現が加えられていった。

また、宗教教育やイスラーム法学などを教授する教育施設としてのマドラサ▲も、イスラームにとって重要な施設である。もともとモスク内やその付属施設として存在していたが、徐々に、大きな建築物となるものもあらわれた。カイロの旧市街地を歩くと、モスクの隣に壮大なマドラサを目にすることができる。

▼ワクフ　個人が、モスクや病院などの公的施設維持のため土地などを寄進し、いっさいの収益・処分権も放棄するというかたちが一般的である。

▼キブラ　キブラとは、礼拝のさいに向かう方向のことで、ヒジュラ直後はイェルサレムの方向がキブラとされたが、六二四年にメッカのカーバに改められ、現在にいたる。

▼ミフラーブ　キブラの方向を示すために、通常、モスクや邸宅などの内壁に設けられた壁龕を指す。

▼ミンバル　金曜日におこなわれる集団礼拝のさいに説教をおこなうために使用した台が、階段状に発達した。通常、ミフラーブの右側におかれる。

▼アザーン　礼拝の時刻を告げる呼びかけで、「アッラーは偉大なり。アッラーのほかに神はなし。ムハンマドは預言者の使徒である。成功のために来たれ。礼拝に来たれ。アッラーは偉大なり。アッラーのほかに神はなし」と唱える。

商業における代理制度であるワカーラ▲にもとづき、商人たちが集まる商館施設をダール・アルワカーラと呼ぶ。機能は宿泊にとどまらず、中庭式建物の内部にラクダなどの運搬用動物を引き入れ、荷物を降ろし、一階を倉庫とし、二階より上が宿泊や商談をおこなう商取引の場として活用された。これらの施設はワクフ財産で建設され、維持・管理がおこなわれる場合が多く、公的性格をもっている。

ムスリムにとって沐浴は宗教的義務であった。沐浴にも日々の小沐浴と合同礼拝の前などにおこなう全身を洗い清める大沐浴がある。その大沐浴のためにハンマーム(公衆浴場)▲が発展した。そこは、人びとの情報交換・社交の場としても重要な役割をはたすようになっていった。浴室の天井には大きなヴォールト天井が組まれ、ステンド・ガラスが嵌《は》めこまれていることも多い。窯の焚き口にフールと呼ばれる豆がはいった大壺をいれて煮込み料理に利用したり、灰も建築用セメントに再利用することもあった。

一般のイスラーム住宅は、地域によって差はあるが、基本的に地中海地域に広がっていたローマ様式に基盤をおく中庭型住宅である。ドゥルカーア(広間)

▼ミナレット　ムスリムに礼拝を呼びかけるための塔。しだいに、高層となり、モスクのシンボルとしての役割も担うようになった。

▼マドラサ　主に、コーラン学、イスラーム法学、神学、言語学などを教授する高等教育施設であり、このほかに、数学や天文学、医学などが教えられることもあった。

▼ワカーラ　元来、法的委任制度の意で、商業上の活動でもこの制度が活用された。委任を受けた者は、承認の法的代理人の役をはたし、商品管理、商人間の仲介などもおこなった。

▼ハンマーム　イスラームが征服した地域に存在していたローマ風共同浴場から発達した。常温室、乾燥高温室、高温多湿室に分れ、さらに、サロン、脱衣所、サウナ室、冷水室、マッサージ室なども備えていた。

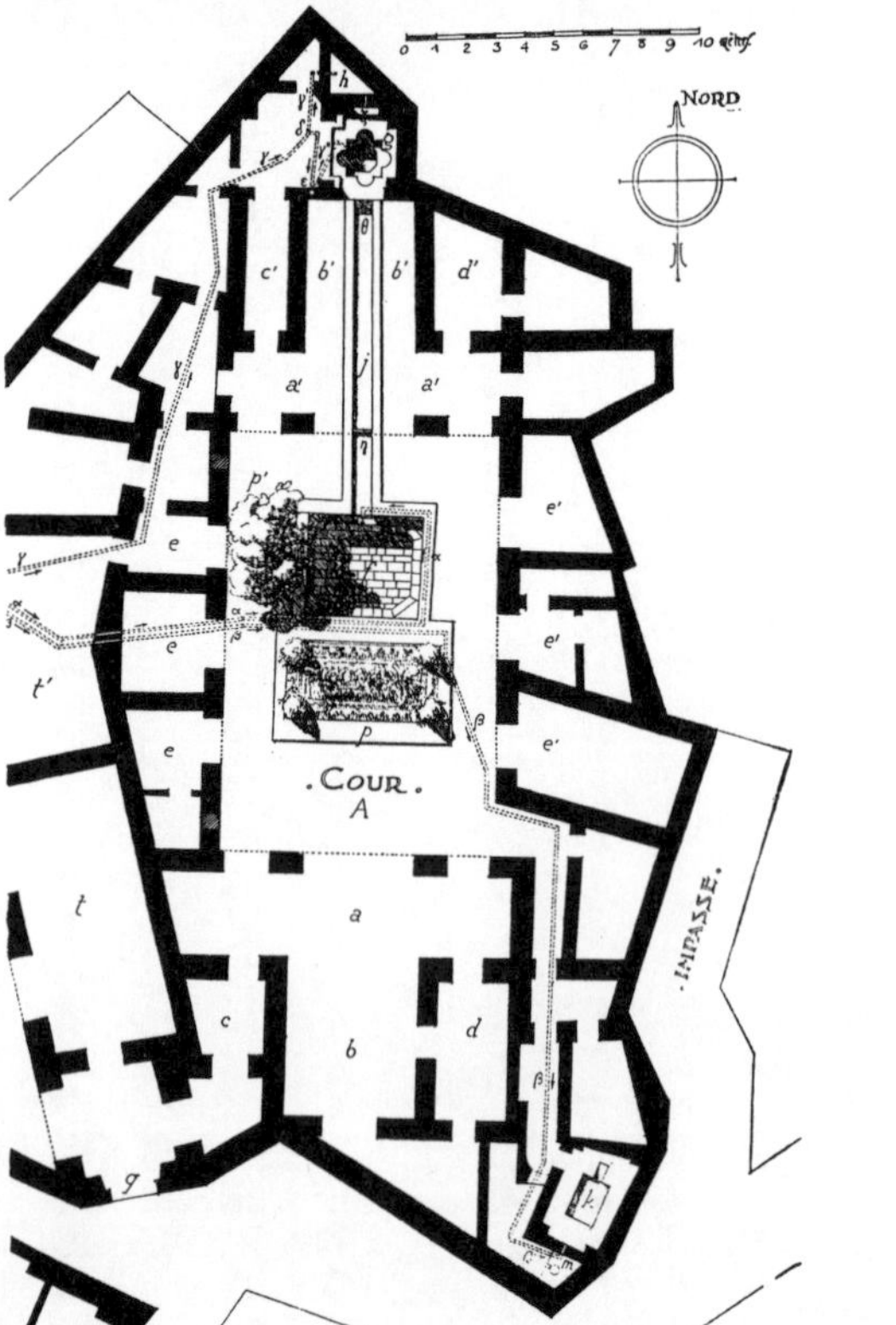

●—**フスタートの住居跡**　アリー・バフガトによって発掘された六号家屋。水槽がある中庭を取り囲むように部屋が配置され、南東隅に風呂とトイレがある(A中庭、aドゥルカーア、b~eイーワーン、k風呂、mトイレ、写真は北から見たところ)。

とそれを囲むイーワーン（居室）を基本ユニットとし、大規模な邸宅では、中庭を取り囲んで、このユニットが複数配置されている。家族単位でそれぞれのユニットに居住するほか、集合住宅として活用もされた。また、大邸宅にはカーア（応接間）が設けられ、中央には噴水がつくられた。

イスラーム考古学

考古学とは、発掘調査にもとづく、資料収集、整理、研究を地道に積み重ね、当時の都市形態、生業や生活、文化構造などの再構築を試みる学問で、人びとの生の復元であるともいえる。なかでもイスラーム考古学は、すでに滅び去った古代の歴史・文化研究と異なり、現在、中近東地域に生きている人びとの直接のルーツをたどることであり、現代社会を理解するうえでも重要な領域である。

イスラーム考古学は、一九一〇年代に開始されたイラクのサーマッラー▲遺跡とエジプトのフスタート遺跡の発掘に始まる。

サーマッラーは、ティグリス川東岸に位置し、八三六年から八九二年までアッバース朝▲の首都として繁栄した。このころ、アッバース朝は未曾有の繁栄

▼サーマッラー　アッバース朝第八代カリフ・ムータシム（在位八三三～八四二）がバグダードからこの地に遷都し、第一〇代ムタワッキル（在位八四七～八六一）のときにもっとも栄えた。

▼アッバース朝（七五〇～一二五八年）　イラクを中心に北アフリカから中央アジアにいたる広大な地域を支配した。八世紀後半から九世紀にかけて全盛期をむかえ、カリフが宗教・政治の全権を掌握していた。その後、諸地域が実質的に独立し、宗教上の権威のみが残ったが、最後にモンゴルによって滅ぼされた。

をむかえた時期で、螺旋《らせん》状のミナレットや雫《しずく》文に代表される建築装飾など、のちに、サーマッラー様式と呼ばれるイスラーム独自の様式も誕生させた。また、ラスター彩陶器をはじめとするイスラーム陶器や金属器、ガラス器などもこのころ発達した。これらの様式や技術は、アッバース朝の拡大、影響の広がりとともに、イスラーム文化圏各地に広まっていった。サーマッラーが機能したのはおよそ半世紀間にすぎないが、九世紀後半の王宮を含む都市機能および物質文化がこの遺跡に凝縮しているという点で、考古学的価値が高い。

一九四〇年代以降、イランのニーシャープール▲をはじめとする、東アフリカ、シリア、レバノン、ヨルダン、イスラエル、トルコなどの国々で、イスラーム時代の遺跡の発掘調査が徐々に進展していく。とくに、一九七〇年代以降、イスラーム考古学研究の高まりとともに、これらの国々で、地元および外国の考古学調査隊によるイスラーム時代の遺跡の発掘調査数が急増し、数々の成果をあげている。発掘されている都市の性格も多岐にわたり、数え切れないほどの遺跡が発掘されている。ダマスクスやラッカ、イェルサレムなどの政治的・宗教的に重要な都市に加え、十字軍によって建国されたイェルサレム王国時代の

▼ニーシャープール　サーサーン朝時代に建設された都市で、陸路における東西交易ルートの要として多くの物資がゆきかった。九世紀以降、イラン系、トルコ系と支配王朝が変わっても、それぞれの王朝の首都もしくは主要都市として繁栄を続けた。十二世紀には度重なる政争と地震、そして、一二二一年のモンゴルの侵攻によって都市は荒廃し、その重要性は喪失した。一九三〇年代から四〇年代にかけてメトロポリタン美術館による発掘調査がおこなわれた。

カエサリア、東西交易の重要な拠点となったシーラーフ、アカバ、クサイル、トゥール、ラーヤなどの港湾都市などの遺跡がつぎつぎと発掘されている。発掘は住居址にとどまらず、陶器やガラス、砂糖、オリーヴ油などを製造していた工房址、座礁して海中に沈んだ船の発掘などがおこなわれている。

日本でも、早稲田大学、出光美術館、中近東文化センター、イスラーム考古学研究所の調査隊が、一九七八年以来、エジプトのイスラーム都市フスタートの発掘調査や出土遺物の研究のための調査を実施している。

フスタート遺跡

フスタート▲は、アレクサンドリアにかわる新首都として六四二年にアラブによって建設されたエジプトおよびアフリカ大陸最初のミスル(軍事都市)▲である。エジプト征服の将軍を務めたアムル・ビン・アルアースはナイル河畔に居をかまえ、ここを中心に半同心円状に都市が発展した。この一角には、エジプト最古のモスクであるアムル・モスクも建設された。

アッバース朝時代にフスタートの北に行政府がおかれ、行政機能は徐々に北

▼フスタート　それまでのエジプトの首都は、プトレマイオス朝時代から続くアレクサンドリアであったが、旧体制の影響を懸念した第二代正統カリフ・ウマル(在位六三四〜六四四)によって、新首都の建設が命じられた。ナイルが分岐する地点にあり、征服活動の最初の拠点としたこの地が選ばれた。フスタートは、世界中の商品が集まる商業都市であると同時に、製造業も盛んであった。遺跡からは、ガラス製造にかかわる遺物も発見されている。

▼ミスル　イスラーム初期に征服地に建設された軍事都市で、イラクのバスラ(六三八年)、クーファ(六三九年)、チュニジアのカイラワーン(六七〇年)が代表的なものである。

方に移転していくが、フスタートは、宗教、学問、製造業などの中心地として繁栄を続けた。カイロ▲と並んで商業都市としてもっとも繁栄したファーティマ朝▲の時代には、国際商業ルートがペルシア湾から紅海に移り、世界中の富が集積するようになった。しかし、イェルサレム王国▲との抗争のなかで、敵のカイロ進撃の拠点とされることを恐れたファーティマ朝の宰相は、一一六八年にフスタートを自ら破壊した。

その後、アイユーブ朝▲の始祖サラーフ・アッディーン（サラディン）▲が再興し、フスタートは繁栄を取り戻した。しかし、十四世紀半ば（一三四七～四九年）のマムルーク朝▲期にペストが大流行すると、フスタートの住民のほとんどが死亡するか逃避し、都市は壊滅状態となった。その後、荒れはてた都市に人が戻ることはなく、巨大都市カイロのゴミ捨て場となり、約六平方キロの広大な遺跡として二十世紀まで残ることとなった。

広大な遺跡から発見された住居はレンガ造りで、文献資料によると高層建築であったようである。浄水、汚水処理のための井戸や溝などの給排水設備が外壁にそって張りめぐらされ、土管やダストシュートなどの設備も整っている。

▼**カイロ**　九六九年、ファーティマ朝第四代カリフ、ムイッズによって建設された新首都で、「勝利の都」を意味する言葉から命名された。

▼**ファーティマ朝**（九〇九～一一七一年）　九〇九年に北アフリカに成立したファーティマ朝はカリフを称し、九七二年にエジプトに遷都した。国内の度重なる反乱やイェルサレム王国とザンギー朝との抗争のなかで疲弊し、一一七一年のアーディドの死によって幕を閉じた。

▼**イェルサレム王国**（一〇九九～一二九一年）　第一回十字軍の戦士によってシリア・パレスティナ地域に建国された封建国家。アイユーブ朝との抗争をへて、最後にマムルーク朝によって滅亡させられた。

▼**アイユーブ朝**（一一六九～一二五〇年）　サラーフ・アッディーンによって建国。

▼**サラーフ・アッディーン**（在位一一六九～九三）　イラク出身のクルド人で、シリアを拠点に活躍し、十字軍との抗争で名を馳せた。

発掘された大きな邸宅の内部には、噴水を備えるカーア、居室や、風呂場、トイレなどが備えられ、床にはモザイク・タイルが貼られている。

第二期の日本調査隊の発掘では、アムル・モスクに隣接する場所で、上水道の存在を暗示する大型給水設備サーキヤ▲がはじめて発見された。これは、ナイル川から水を汲み上げるための施設で、これまでフスタートでは水を皮袋に詰めてラクダの背に載せて運び、貯水槽に貯める方法が一般的であると考えられていたが、発掘によって新たな見解が示されることとなった。

このほかに、街路や工房址なども発見されており、さまざまなイスラーム都市の構造形態を知ることができる。

土器、陶器、ガラス器

遺跡から発見される遺物は、土、木、石などの自然物、複雑な製造過程を必要とする銀、銅、真鍮などの金属、ガラスなどのさまざまな素材がみられる。種類も、各種容器類、照明具、装身具・化粧具類、玩具類、医療や製造業など各種生業にかかわる道具類など、多様である。

▼マムルーク朝（一二五〇～一五一七年）　トルコ系軍人奴隷マムルークによる王朝で、バフリー・マムルーク（一二五〇～一三八二年）とブルジー・マムルーク（一三八二～一五一七年）の二期に区分される。

▼サーキヤ　大型の滑車に、水を汲み上げるための土器がくくりつけられた揚水機。写真は日本調査隊によって発掘されたサーキヤ。

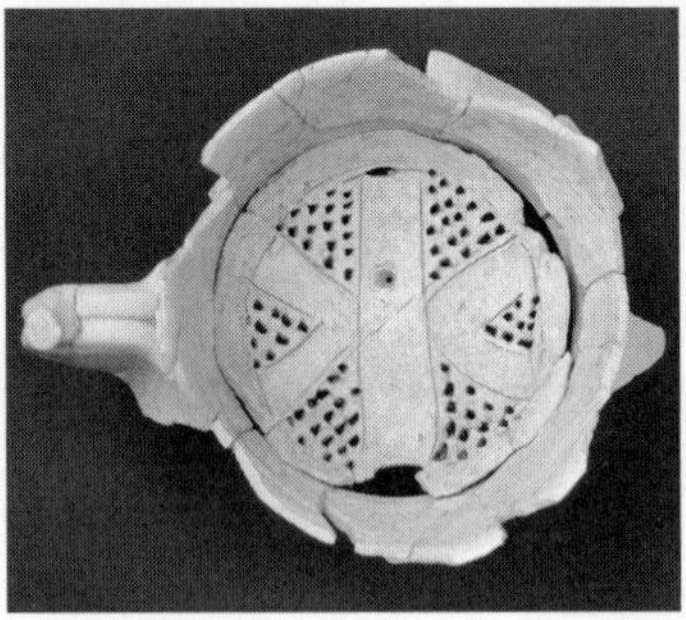

飲料水用小壺のフィルター(九世紀、エジプト、フスタート遺跡出土)
上から見たフィルター部分。

このなかで出土頻度のもっとも高いのが土器である。地中海周辺地域では、ローマ文化の伝統が色濃く残っていたので、アフリカン・レッド・スリップ土器(赤色磨研土器)と呼ばれる赤い光沢をもつローマ土器の伝統がイスラーム時代初期にも引き継がれていた。また、クッラと呼ばれる薄い素焼きの壺は、暑い場所で気化熱を利用してなかの水を冷やす飲料水用小壺として重宝された。エジプトでは、この水壺の首部に通称フィルターと呼ばれる透し彫りがほどこされ、そこには信じられないほど繊細で高度な文様が描き出された。日常的に使われるシンプルな土器は、調理や貯蔵、食器として活躍した。器形は、皿、鉢、碗、壺、鍋などである。

土器の表面にガラス質の釉がかけられた陶器は、イスラーム時代になって急激に進展をとげた。赤色磨研土器に使われた同じ陶土と成形技法、ビザンツ陶器にほどこされた鉛釉と型製法の技術、これらが融合されて、イスラーム陶器が誕生した。前述したように、陶器ではさまざまな装飾技法が開発され、生活のなかに色彩の豊かさをもたらした。このイスラーム陶器の発達には、中国陶磁が少なからぬ影響を与えている。中国陶磁は、イスラーム陶器よりも硬質で

●—フスタート遺跡の発掘風景

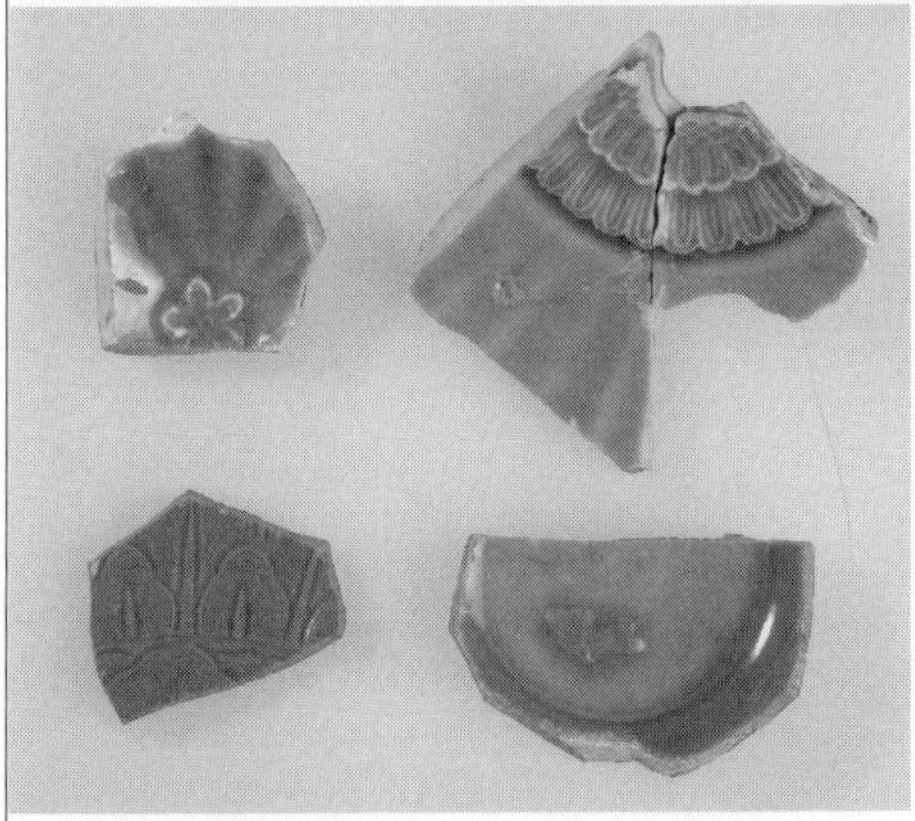

●—フスタート出土の中国陶磁

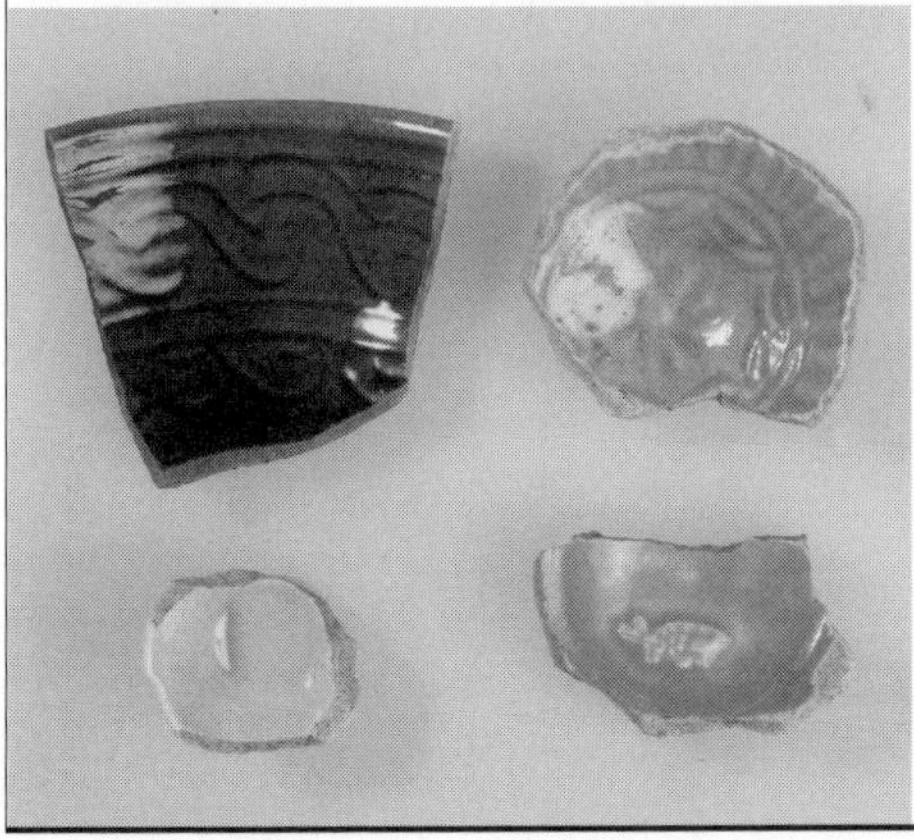

●—エジプトで製作された中国陶磁の模倣品

陶製オイル・ランプ（十三～十五世紀、エジプト、フスタート遺跡出土）

▼ソーダ石灰ガラス　六〇～七〇%のシリカに、ナトリウム、カリウム、カルシウム、マグネシウムなどが適量加えられた。

透明感があり、その美に魅せられて、中国から中近東地域に輸入された。フスタートをはじめとする中近東の遺跡から出土する中国陶磁の量の多さと質の高さは、中近東地域の市場としての経済的水準の高さを示している。しかし、一般の人びとには高級な中国陶磁は手が届かず、地元で製作された模倣品が流通していたことが、発掘によって明らかになっている。

陶器と並んで、イスラーム時代に大きな発展をとげたガラス器は、大部分がソーダ石灰ガラス▲である。当時の人びとは、現代的な化学や物理の知識はもっていなかったが、経験からえられた知識と技術によって、海岸や砂漠に存在するシリカ分を多く含んだ砂に、鉱物のかたちでえられる炭酸ナトリウムや植物灰などを混合、加熱、溶解し、ガラスをつくりあげた。とくに、イスラーム時代のガラスは、装飾技術の発展がめざましく、近代ガラス工芸に多大な影響を与えた。一方で、大量生産化が進み、日常生活のなかにガラス器を深く広く浸透させ、ガラスならではといえる機能、用途を確固たるものとしていった。

以下、ガラスをつうじてイスラームの美術工芸をみることで、イスラーム文化の新しい考え方を提示したい。

▼**メソポタミア**　現在のイラク領であるティグリス・ユーフラテスの二つの川にはさまれた地域で、紀元前三〇〇〇年ころから高度な都市文明を築いた。

古代エジプトのガラス器（紀元前十五世紀、ニューヨーク、メトロポリタン美術館）　吹き技法が開発される以前のコア（芯）技法によって製作された多色のガラス器。

②—ガラスの技法と歴史

イスラーム以前のガラス

　中近東地域におけるガラス器製作の開始は、メソポタミア▲地域で紀元前十六世紀後半、エジプトで紀元前十五世紀前半ころである。最初のガラス器は、色とりどりの不透明ガラスであった。現在のように、管状の竿《さお》の先にとけたガラスをとり、反対側から息を吹き込んでガラスを膨らませて容器を製作する技法が開発されたのは、紀元前一世紀半ばころになってからである。吹き技法によるガラス器は、以前のガラス器と比べて、器形や機能、用途に大きな変化が起きている。これまでの製作技法では、大型の製品は製作できず、また、かたちのうえでも制約があった。それが、吹き技法の開発によって、さまざまな器形が登場し、現在のガラスのイメージである薄くて透明な容器となったのである。

　ガラス製造も飛躍的に発展した。ガラス製造には第一次製造段階と、ガラス化した原料を再溶解して製品を製作する第二次製造段階が存在し、このとき、回収された製品や成形不良品のリサイクルもおこなわれた。とくに、シリア・

エジプト、カラニス遺跡出土のローマ・ガラス（二〜六世紀、ニューヨーク、メトロポリタン美術館）

▼**ストラボン**（前六四〜後二一頃）小アジア出身のギリシア人地理学者。全一七巻の『地理誌』を著す。

パレスティナ地域は、ガラスの原料となる良質な砂の産地として有名で、ベト・シャアン、ベト・エリゼエル、レバノンのティーレなどから、ガラス生成のための第一次ガラス製造址の発見が続いている。これは、ドームでおおわれた数メートル四方のプール状の窯で、ここに珪砂《けいしゃ》や灰などガラスの原材料をいれ、併設された焚き口に燃料をくべて火をつけ、加熱し、原料を高温で溶解させてガラス物質に合成した。さらに、これを冷却することでガラスの塊とし、ここでつくられたガラスは、砕かれて、ガラス製品をつくる工房に売られていった。

ガラス器の吹き技法が開発・発展された時期は、ローマ帝国の拡大時期と合致しており、巨大な水道橋や大理石の塑像、赤色磨研土器などに加えて、このガラス技法が原料・職人とともに各地に移植されていった。そして、ストラボン▲が『地理誌』のなかで「コイン一つでガラス器が買えるようになった」と述べているように、高級品から日常容器への道をたどりはじめていた。それでも、ガラス器の出土状況をみると、墳墓の埋葬品であったり、木箱に収納されていたりと、まだまだ高級な部類に属していたようすがうかがえる。

●—ベト・エリゼエルで発見されたガラス製造用窯とその復元図

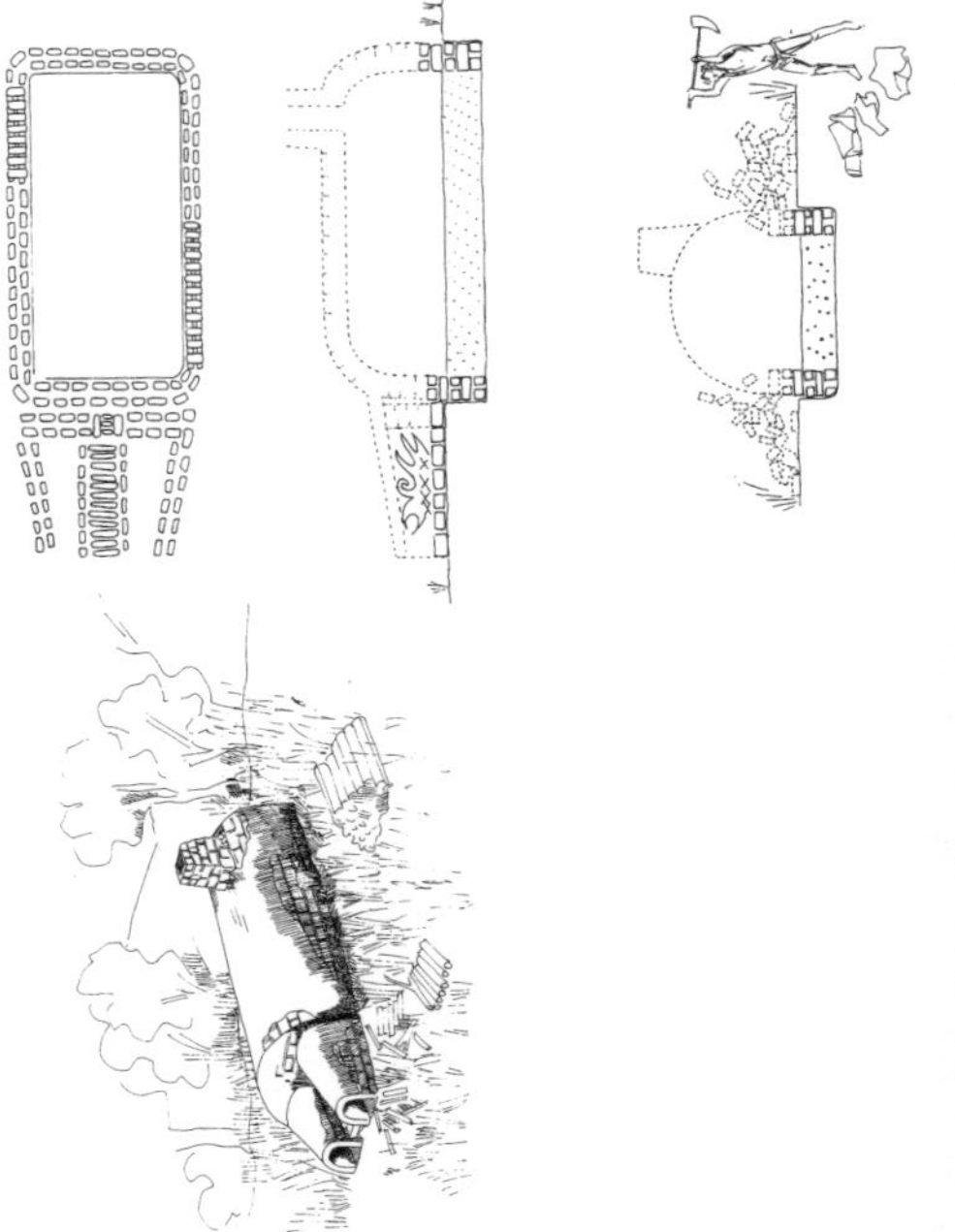

●—現代カイロのガラス製作用窯

●—ナポレオン『エジプト誌』にみられるカイロのガラス製造(十八世紀)

この時期のガラス器の器形をみると、食卓にのぼる飲食器、化粧用容器、照明具など、ガラス器の機能が大きく拡大していたことを示している。果物などの食物をもるための盤、皿、碗、ワインや水などの飲料をいれるための瓶、水注、杯、化粧顔料や香水・香油などをいれるための首の長い瓶や各種小瓶類、円錐形のランプなど、吹き技法開発以前はおもに化粧瓶にかぎられていたガラス器が、さまざまな用途で使用されるようになった。

このローマ・ガラスの伝統は、西ローマ帝国の崩壊以降も、フランク、ビザンツ、サーサーン朝ペルシアに引き継がれていった。

「古き良きもの」を引き継いで

東地中海地域には、後期ローマ(ビザンツ)・ガラスの伝統があり、イラン地域では、サーサーン・ガラスの伝統があった。イスラーム時代最初期にあたる七〜八世紀には、これらの技術伝統がそれぞれの地域で継承されていた。

ローマ時代のシリアやエジプトでは、ガラスの原料にナトロン(天然の炭酸ナトリウム)を使用していた。このため、成分分析をおこなうと、マグネシウ

▼フランク　ゲルマン民族の一部族であったが、五世紀後半にクローヴィスがフランク族を統一してフランク王国を建設。八世紀半ばのカール大帝のときに全盛期をむかえ、九世紀半ばに、フランス、ドイツ、イタリアの三地域に分裂した。

▼ビザンツ(三九五〜一四五三年)　分裂したローマ帝国の東部を統治した東ローマ帝国。首都はコンスタンティノープル。六世紀に全盛期をむかえ、七世紀にはギリシア化し、独特の文化をつくりあげた。

▼サーサーン朝ペルシア(二二六〜六五一年)　パルティアにかわって樹立されたイラン人王朝。首都はクテシフォン。

計量用ガラス・ウェイト（八世紀後半、エジプト、ワーディ・アットゥール修道院遺跡出土）

ムとカリウムの含有率が低いという特徴がみられる。この東地中海地域に特徴的なローマ・ガラス成分は、九世紀半ばころまで同様の成分結果がみられ、イスラーム時代にはいってからもナトロンを使用するガラス調合がおこなわれていたことを示している。さらに、初期イスラーム時代の口端を折り返す口縁処理などの整形技法や、紐《ひも》やつまみ装飾などにも前時代の名残がみられる。

八世紀後半のエジプトでみられる公的な計量に使用されるガラス容器に貼りつけられたヴェセル・スタンプやガラス・ウェイトには、短いながらも、鋳造命令者や内容物、分量などの情報が刻印されている。ここから、文献史料が少ない初期イスラーム時代の社会経済の一端をみることができる。例をあげると、つぎのような銘がある。

> 神の御名において。ウバイダッラー・ビン・アルハブハブが一キストの〔オリーヴ〕油を公正に〔計量するように〕命じた。
>
> 神の御名において。神が公正に〔計量が〕おこなわれることを命じ、アルカースィム・ビン・ウバイダッラーが四分の一キストの計量を命じた。これは、一二二年にヤズィード・ビン・アビー・ヤズィードの手によって

王朝（イラク・イラン地域）	イ　ラ　ク	イ　ラ　ン	ア　ジ　ア
正統カリフ時代 (632-661)	サーサーン・ガラスの技術伝統継承		
	バスラとクーファ建設(638年)		
ウマイヤ朝 (661-750)	バグダード建設(638年)	イランのイスラーム化始まる	
アッバース朝 (750-1258)			
セルジューク朝 (799-1194)	サーマッラー建設(836年) キンディーの医学書にガラスの記載	シーラーフ商人の活躍	広州でムスリム商人虐殺(875年)
ブワイフ朝 (932-1062)	モザイク・ガラスの復活 カット装飾ガラスの隆盛	ニーシャープールの繁栄	ガラスの東西交易（法門寺，クーラオチャム，静志寺，鴻臚館などからイスラーム・ガラス出土）
	主要東西交易ルートがペルシア湾から紅海へ移行		
ガズナ朝 (977-1186)			中央アジアのイスラーム化
		型装飾ガラスの流行	
イルハーン朝 (1256-1353)		モンゴルの侵攻	
	ガラス産業の衰退		
ティムール朝 (1370-1506)	ティムールの侵攻		
サファヴィー朝 (1501-1732)		イスファハーン全盛	
			インドでガラス産業振興
		型装飾ガラスの流行	

●—イスラーム・ガラス史年表

ヨーロッパ	エジプト	大シリア	王朝(エジプト・シリア地域)
	後期ローマ・ガラスの技術伝統継承		
	フスタート建設(642年)	ダマスクス征服(635年)	正統カリフ時代(632-661)
	スタンプ付計量容器の出現		ウマイヤ朝(661-750)
コルドバに後ウマイヤ朝成立(756年)	ラスター・ステイン装飾ガラスの登場	マクディシーによるティーレのガラス製造の記述	アッバース朝(750-1258)
			トゥールーン朝(868-905)
	サーマッラー様式の流入	ガラス原料砂の輸出	イフシード朝(935-969)
	カイロ建設(969年)		
	水晶彫りとカット装飾ガラス流行		ファーティマ朝(969-1171)
第1回十字軍(1096年)	『ゲニザ文書』書かれる		
	フスタートにおけるガラス製造		
	ユダヤ教徒ガラス職人の活躍	十字軍,ラテン王国との抗争	アイユーブ朝(1169-1250)
エナメル彩ガラスの伝播	シリア,ビザンツから職人移動	多彩エナメル彩ガラスの登場	
	東西広範囲におよぶガラス交易	アレッポにおける高級ガラス製造	マムルーク朝(1250-1517)
ヴェネツィア・ガラスの交易	カーリミー商人の活躍	ダマスクスにおけるガラス製造と交易	
	『ヒスバの書』書かれる		
コンスタンティノープル陥落(1453年)	マムルーク諸国におけるガラス製造の不正取締り	エナメル彩装飾モスク・ランプの製作	
グラナダ陥落(1492年)			
	ガラス産業の衰退		
			オスマン朝(1299-1922)
	ナポレオンのエジプト遠征(1798年)		
アール・ヌーヴォーのイスラーム風作品製作			

サーサーン・ガラスの伝統を引くカット装飾深皿（七〜八世紀、中近東文化センター）

▼ウマイヤ朝（六六一〜七五〇年）　ムアーウィヤ一世が樹立したウマイヤ家がカリフ位を独占した世俗的王朝。首都はダマスクス。国家統一と領域拡大に勢力をそそぎ、イベリア半島から中央アジア、北西インドにまで領土を広げた。

〔鋳造された〕。

公正な計量を命じている者には、ウマイヤ朝▲やアッバース朝権力中枢にいるカリフ、総督、財務長官の名がみられ、これが公的な意味をもつものであったことを示しており、彼らの在位年代はガラス器の年代考証にも役立つ。容器の特徴をみると、素材の成分、口縁などの整形処理などに、前時代のローマ・ガラスの特徴がみられる。また、銘の一部に、アラビア数字ではなくコプト数字が使用されていることも注目に値する。

一方、イラク、イランでは、パルティア、サーサーン朝ペルシアの支配下で、カット・ガラスの技法を発展させていた。シリア方面から吹きガラスが導入されると、透明なガラス器の表面にホイール（研磨用の回転盤）をあてて円形に面取りし、光を反射させたカット装飾碗が、サーサーン・ガラスを代表するガラス器となった。そのもっとも有名な例が、正倉院▲におさめられている白瑠璃《るり》碗である。ローマのカット装飾に比べ、サーサーンの面カット装飾は、器壁が厚く、均衡がとれた器体に深く彫り込まれることで、重厚感をましている。

イスラーム時代にはいってもこの装飾技法が継承され、碗だけではなく、円

▼**正倉院**　聖武天皇によって建設された奈良東大寺の宝物倉。八世紀の建設以来、貴重な宝物を保管しつづけている。

年号のあるラスター・ステイン装飾ガラス（八世紀、カイロ、イスラーム芸術博物館）

筒形ビーカーや瓶《びん》などにもこの種のカット装飾がほどこされるようになり、器形の種類がふえた。このようなイラク、イラン地域で製造された初期イスラーム時代のガラス器は、ポスト・サーサーン様式と呼ばれている。

均一化と拡大の時代

後期ローマ・ガラスとサーサーン・ガラスの伝統を引き継いだイスラーム・ガラスであるが、八世紀後半ころから新しい発展が始まった。その最初を飾るのが、ラスター・ステイン装飾ガラスである。イスラーム・ガラスのなかでも一際目を引くラスター装飾は、陶器に先駆けてガラスにほどこされた。ラスター彩とは、金属化合物の顔料で彩画した装飾のことであるが、ガラスでは、陶器と異なり、顔料がガラスのなかに染み込んだステインと呼ばれる状態になるので、ラスター彩ではなく、ラスター・ステインと呼ぶ。

ラスター・ステイン装飾ガラスのもっとも古い例の一つは、カイロのイスラーム芸術博物館にある碗で、アラビア文字で「ミスルのフィヤラ工房で一六三年製作」と書かれている（上図）。エジプトでミスルとはフスタートのことを

▼ダマスクス　前十世紀にはアラム王国の首都として歴史の表舞台に登場し、六三五年にアラブによって征服された。ウマイヤ朝の首都がおかれ、また、十二世紀半ば以降、ザンギー朝のヌール・アッディーンのときに最盛期をむかえた。一五一六年にはオスマン帝国に組み込まれた。

指し、コプト数字で記された（ヒジュラ暦）一六三年は、西暦になおすと七七九年であり、これは、製造地と製造年を示す貴重な史料である。

同じころに製作されたアメリカのコーニング・ガラス美術館にあるラスター・ステイン装飾ガラス碗は、口縁部の銘文に、

　慈悲あまねくアッラーの御名において。一年にサンブト〔?〕の手により、ダマスクスで製作された。このカップから飲む者に、アッラーの祝福あれ。

とある。シリアのダマスクス▲で製造されたと書かれており、職人らしき名もみられる。年号は一としか示されていないが、様式から八世紀後半の製品と考えられる。「アッラーに祝福あれ」という、神への定型の賛辞が書かれていることから、ムスリムによる、もしくは、ムスリムのために製作された容器であることがわかる。

このあと、ラスター・ステインの技法は、九世紀にイラクに伝わり、多彩ラスターを生み、さらに、陶器にも応用され、イスラーム陶器でもっとも華やかなラスター彩陶器を登場させた。

九世紀という時代は、政治・社会上の大きな転換期にあたり、エジプトでは、

▼**トゥールーン朝**（八六八〜九〇五年）　トルコ系軍人アフマド・イブン・トゥールーンによって設立された事実上の独立民族王朝。フスタートの北のアルカターイ地区に行政区を建設。

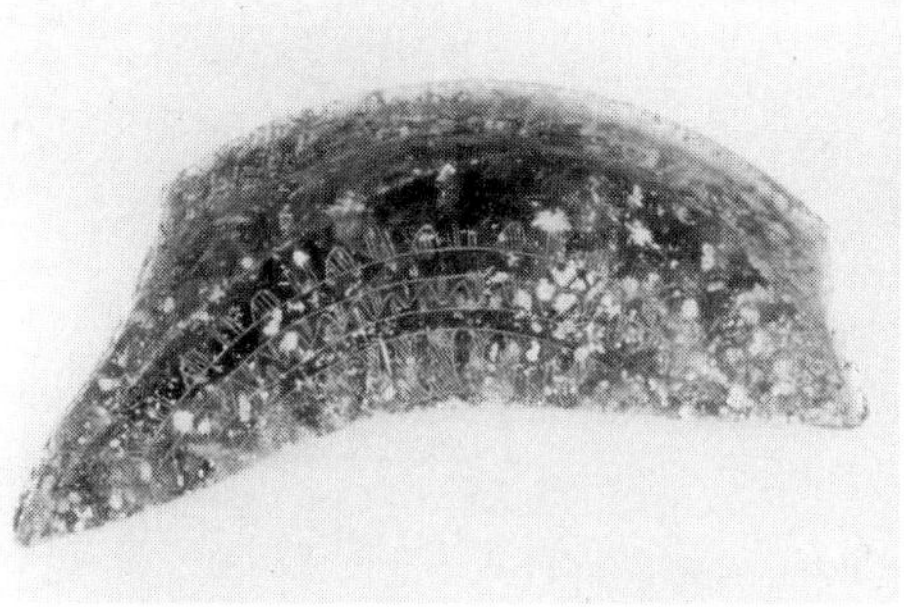
刻線装飾皿（九〜十世紀、エジプト、ラーヤ遺跡出土）

八六八年にトゥールーン朝▲が成立するなど、地方分権の様相が強まる一方で、地域間の交流は深まっていった。ガラス器でも、前時代から脱却する大きな変化が起き、製作地および年代を決定しがたいほどに均一化が進んだ。前時代のサーサーンとビザンツの要素はまざりあい、イスラーム世界を包括する新たな伝統を形成することとなる。

成分的には、エジプトおよびシリアにおいて、アルカリ供給源としてローマ以来使用していたナトロンから植物灰を使用するという変化が起こった。また、原料の砂に不純物として含まれる鉄分などの影響で、淡緑もしくは淡黄に発色をよぎなくされていたが、マンガン添加による消色の方法がとられ、無色ガラスの製造が進んだ。

器形では、ローマ・ガラスでみられた大型の皿、盤類は減少し、小型の碗、瓶、化粧容器類が中心となった。これは、食物をもるという大型の皿や盤などにみられた機能がイスラーム陶器にとってかわられ、ガラス器は、液体容器、化粧容器、照明具など、素材の特性が生かせる機能に収斂《しゅうれん》されていった結果である。さらに、円筒形ビーカー、丸底瓶、多面体小瓶など、広大なイスラーム

紐装飾動物形小瓶（七〜八世紀、中近東文化センター）

圏各地で器形が共通化していった。

装飾技法では、ラスター・ステイン装飾ガラスのほか、型や器具を用いてガラス表面に凹凸模様をつける技法や、先端が尖った道具でガラス表面に刻線で文様を描く技法、ホイールを使ったカットなどの技法が発展し、各地に広まっていった。いずれも、すでにローマ・ガラスおよびサーサーン・ガラスに存在していた技法であるが、イスラーム・ガラスでより発展した。

高級透明ガラスとクリスタル

十世紀末ころになると、さまざまな民族、地域、宗教などの枠をこえて、躍動感あふれる社会・文化が展開し、ガラス産業も大きな画期をむかえた。すでに、マンガンを消色剤としてガラスを無色化する技術は普及していたが、純度の高い透明無色ガラスが製作されるようになった。とくに、このころ、ロック・クリスタルの流行で、高価なクリスタル製品の代用として水晶のように透明度の高い無色ガラスが求められていた。しかし、完全な無色をつくりだすことは容易な技術ではなかった。

ガラス製造用型（九〜十世紀、コペンハーゲン、デイヴィット・コレクション）

型装飾瓶（十一〜十三世紀、中近東文化センター）

九世紀には、ガラス表面を尖った道具で細く刻む刻線カット装飾が流行していたが、これは、刻むことで白い線画を描くものであった。一方、ホイールを使用したカット装飾技法は、表面の凹凸による光の反射と屈折で、見る者を楽しませた。ホイールの幅で文様を描く線カットと面取りをした面カットを駆使して、単純な幾何文から、複雑な幾何文まで描き出された。湾曲したガラスの表面にホイールをあてて文様を削り出すことは、かなりの熟練を要する作業であった。

文様をレリーフ状としたレリーフ・カット装飾もあらわれた。これは、文様部分を削って凹とするのではなく、文様周囲を削り、文様を立体的に見せる効果があった。文様の種類には、円盤および円盤状の連続文、文字や幾何文、鳥、動物文などがある。これらの意匠は、イラン的モチーフであるが、ファーティマ朝治下のエジプトでも多用された。

無色透明のガラスに色ガラスをかぶせ、その上からカットすることで、文様を引き立たせるカメオ・ガラスも製作された。ガラス生地に別の色ガラスをかぶせることは、成分の差によって溶融温度や膨張係数が異なることから、想像

●—**カット装飾箱**（九〜十世紀、中近東文化センター）
金属製の止め金で蓋の開閉をおこなうペン・ケース。ガラス製はめずらしい。

●—**練込み紐装飾瓶**（十二〜十三世紀、中近東文化センター）
濃紫色のガラス素地に白いガラス紐を巻きつけたあと、本体と一体にし、文様をつけている。

●—**カメオ・カット装飾杯**（九〜十世紀、MIHO MUSEUM）
無色透明のガラスの上に緑のガラスをかぶせてカットした高級ガラス器。

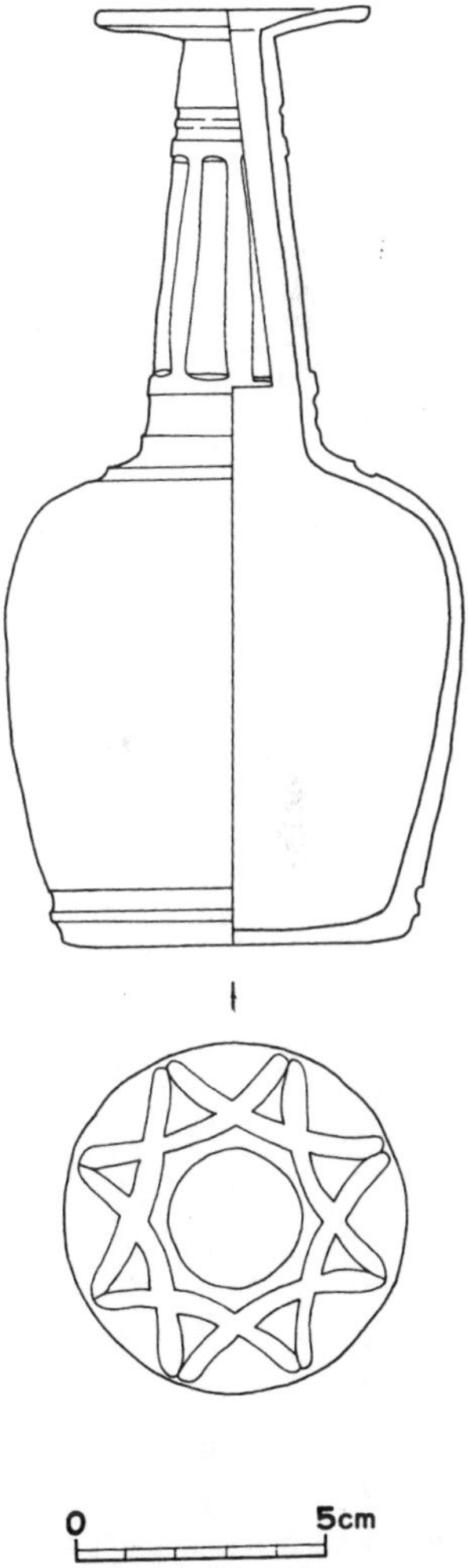

●——フスタート遺跡出土ガラス（七〜十一世紀、早稲田大学）

フスタート遺跡からは、多くのガラス器が出土した。生活に使用された多数の雑多な製品（上段）のほか、首部や底部に精巧なカット装飾がほどこされた瓶など、上質な製品も発見された。

エナメル彩装飾片（十三〜十四世紀、エジプト、フスタート遺跡出土）　多彩な騎馬人像のモチーフはペルシアのミナイ手陶器にもみられ、文様の西漸という観点からも興味深い。

以上に難しい技術である。この解決のために、一部のイスラーム時代のカメオ・ガラスでは、溶融温度が低くてすむ鉛ガラスが使用された。

多彩ガラスと実用品の普及

無色ガラスが普及する一方で、九世紀ころから多彩ラスター装飾、モザイク装飾、金箔ガラスなど、色を意識した装飾が登場した。しかし、どれも高度な技術を必要とし、短命であった。

青、紫、緑などの色ガラスに不透明白ガラス紐で波状や羽状の文様をつくりだした練込み紐装飾は、一部のローマ・ガラスにみられ、その後、細々とこの装飾が続き、九世紀ころからイスラーム・ガラスでも再活用されるようになった。十二世紀以降、色のコントラストを前面に押し出した装飾を浸透させたことで、装飾ガラスの画期となった。

装飾ガラスへの志向が、光から色へと移り変わるなかで、最後にエナメル彩装飾ガラスが登場した。低温で焼き付けられたエナメル顔料は、赤、青、白、黄、緑など多彩で、さらに、エナメルの隙間を金粉でうめることもおこなわれた。豪華で絢爛《けんらん》たるエナメル彩装飾ガラスは、人びとの垂涎《すいぜん》の的であった。

装飾ガラスが開花する一方で、粗製ガラスが日常生活のなかに実用品として浸透していった。カイロで書かれたイブン・バッサーム▲の『ヒスバの書』▲第七章には、ガラス製造にかんして、このことを裏づけるような記載がみられる。

> ガラス職人の親方は、職人をよく監督せよ。できあがった製品は一昼夜取り出さずに窯のなかにおいておかないと罰せられる。〔燃料の〕煙が消えれば、それを取り出して売却してもよい。もしも煙が消えないうちに取り出すと、それはまたたく間に割れてしまう。査察官は窯を閉じ、煙が消えるまであけないように親方に命ぜよ。

同様の記述に加えて、アンダルシアで書かれたアッサクティー▲の『ヒスバの書』では、さらに、検査方法も記されている。

> ガラス職人が、冷えつつある窯からガラスを一昼夜たたないうちに取り出すことを取り締まらなければならない。というのは、一昼夜たたずにガラスを急に取り出すとひび割れが起こるからである。窯の持ち主が〔まだ煙の燻《くすぶ》っている〕燃料室〔の灰の上〕に土を撒き、〔新たな製品をつくるために〕そ

▼**イブン・バッサーム**　十六世紀にマムルーク朝治下のカイロで活動した市政取締官(ムフタシブ)。生没年不詳。

▼**『ヒスバの書』**　イスラーム法遵守のための市政取締官の業務手引書として、中世後期にまとめられた書物。イブン・ムタワッキル、イブン・バッサームなどによるものが、エジプト、アンダルシアなどに残っている。

▼**アッサクティー**　十二～十三世紀にイベリア半島で活動した市政取締官。生没年不詳。

カイロのガラス吹き職人

の上で火を焚いていないかどうか灰を調べよ。職人たちを夜集めてみれば、そのようなごまかしはたくさんある。これを調べる方法としては、灰を水にいれることである。そうすれば、泥は底に沈み、灰は水に浮く〔それで灰に土をかぶせたかどうかがわかる〕。

ガラス製造の過程で徐冷を割愛すると、ガラスの品質が極端に落ちることがすでに知られており、量産と省力のためにこの工程を省くことがないように監視せよ、と指令されていたのである。このことは、裏返せば、このような不正が横行していたことを示している。それほどまでに、ガラス器の需要があり、品質が落ちてもガラス器を供給しようとする状況があったことがみてとれる。

ここにいたって、ガラスであるだけで高級品であったガラス器が、美的価値をもつ装飾ガラスと、日常生活品としての廉価なガラス器とに二元化したのである。さらに加えれば、医療、照明などの生業にかかわる特殊分野にガラスが採用されていくのもこのころである。

③—ガラスに見るイスラームと異宗教・異文化

イスラーム的なもの

イスラーム・ガラスとは、支配者がムスリムであるか、社会の大部分がイスラームに帰依している時代・地域において製作され、使用されていたガラスと広義に定義される。しかし、イスラーム社会のなかには、多くのユダヤ教徒やキリスト教徒などの異教徒が存在し、共存しており、イスラーム・ガラスと呼ばれているガラスのなかにも、製造、交易、使用すべてにかんして多分に異教徒が関与していた。

先行するローマ・ガラスとサーサーン・ガラスの伝統に立脚して成立したイスラーム・ガラスの製造にあたっては、支配者が変わっても、それまでのガラスの職人集団は、同じように活動を続けた。彼らは、キリスト教徒であり、ユダヤ教徒であり、ゾロアスター教徒▲であった。そして、これまでと同様、ガラス器を製作し、支配者層であるムスリムに供給し、自らも使用していた。ファーティマ朝期を中心にエジプトのユダヤ教徒によって書かれた『ゲニザ文

▼**ゾロアスター教**　前七世紀ころに成立した善悪二元論にもとづいた宗教。善神の象徴として火や光を崇拝し、拝火教とも呼ばれる。アケメネス朝で保護され、サーサーン朝で国教とされた。

▼**『ゲニザ文書』**　近代になってフスタートのシナゴーグ（ユダヤ教会）で発見された、十一〜十三世紀を中心にユダヤ教徒によって書かれた文書類。商業文書、法廷記録、各種契約など生活のなかで書かれたあらゆる文書が含まれ、当時の社会経済活動を知るうえで貴重な史料である。

▼**コプト教**　エジプト土着のキリスト教で、ビザンツ帝国への反抗過程で成立。聖母マリア信仰の深さが一つの特徴である。

書』▲には、多くのユダヤ教徒ガラス職人の活動が記されており、そのなかには、ムスリムとコプト教▲徒の業務提携、ビザンツ、ヨーロッパからの職人の流入などの事実が記載されている。

また、マムルーク朝を中心に、経済活動での公正性を監督する役人の手引書としてまとめられた『ヒスバの書』のなかにも、ガラス製造にかんする項目がある。これは、イスラーム法に照らし合わせた精神にもとづいており、ガラス製造にかんしても、イスラームの監視が行き届いていたことを示している。

実際に、イスラーム・ガラスの逸品として世界に紹介されている美術品のなかにも、ムスリム以外の職人の手による製品が無数にあると考えられている。とくに、新しい装飾ガラスの開発にあたっては、異教徒の手で始められたものが少なくない。ムスリムはこれらの技術をたくみに取り入れ、発展させていったのである。

後述のように、イスラーム・ガラスの代表であるエナメル彩ガラスも、最初はシリア系のキリスト教徒の手によって製作され、使用されたようである。その後、この素晴らしいガラスに目をつけた時の為政者がパトロンとなり、自ら寄進したモスクやマドラサに吊るすランプなどを注文するようになった。さらに、これらの豪華な製品がヨーロッパやアジア向けの高価な交易品として海外へ運ばれ、これらの地域との交流が進むなかで、さらに多くの要素がイスラーム・ガラスのなかに入り込んできたのである。

このような複合的な要素をかね備えていることがイスラーム・ガラスの本質であり、そこにイスラーム・ガラスの特徴があるといえる。このようなそれぞれの要素を分析していくことで、ガラス器をつうじてイスラーム社会の一端を垣間見ることができるのである。

エナメル彩装飾モスク・ランプ（十四世紀、ロンドン、大英博物館）

「神は天地の光である」

イスラーム・ガラスの最高傑作は、十四世紀に、モスクやマドラサ（一三頁参照）を飾った、エナメル彩装飾ランプ、通称モスク・ランプである。

これは、金魚鉢に似た広い口の壺に把手がつけられた吊りランプで、モスクに吊るされることが多かったことからこう呼ばれている。しかし、実際には、モスク以外の建造物でも使用されていた。表面は多彩のエナメル彩と金彩で華やかに装飾されている。具象文は用いられず、イスラームの聖典クルアーンの一節や寄進者への賛辞をあらわす装飾化されたアラビア文字や唐草文、紋章などで全面をおおいつくしている。

モスク・ランプのプロト・タイプである小型の吊りランプは、十世紀ころに登場する。その後、十三世紀半ばころからエナメル彩装飾がほどこされたランプが登場し、十四世紀には大型のモスク・ランプが競って寄進されるようになった。とくに、シリア、エジプトを統治したバフリー・マムルーク朝のスルターン▲のなかで、強大な権力者であったナーシル▲やハサン▲の名があるランプが数多く残っている。

アルザーヒル▲のマドラサで発見されたと伝えられるモスク・ランプ（四五頁参照）には、アラビア文字で書かれたつぎのような銘文がみられる。

頸部にある三つのメダリオンは内部を三段に分け、ナスヒー体▲で、

> 主人たるアルスルターン・アルマリク・アルザーヒルに誉れあれ。彼の勝利に栄光にあれ。

という寄進者スルターンを賞賛する句が朱書きされている。

▼スルターン　十一世紀以降、イスラーム王朝の君主が用いた称号で、宗教的権威者としてのカリフから、世俗的な政治権力を委任されるというかたちをとった実質的な支配者。

▼ナーシル　アルナーシル・ムハンマド。バフリー・マムルーク朝第一〇、第一三、第一五代スルターン。在位一二九三〜九四、一二九九〜一三〇九、一三一〇〜四一年。

▼ハサン　ハサン・アルナーシル・ナーシル・アッディーン。バフリー・マムルーク朝第二二、第二四代スルターン。在位一三四七〜五一、一三五四〜六一年。

▼アルザーヒル　アルザーヒル・バルクーク。バフリー・マムルーク最後の第二九代スルターンで、ブルジー・マムルーク朝初代および第三代スルターン。在位一三八二〜八九、一三九〇〜九九年。

▼ナスヒー体　十世紀にクーファ書体から考案された丸みをおびた書体で、一般に広く使用されている。

モスク・ランプに書かれた銘文

三つのメダリオンにはさまれて三分割された部分（上図）には、朱枠のなかに青いエナメルをぬった装飾文字で、

アッラーは、天地の光である。〔彼の光を譬えれば、〕燈をおいた、壁龕《へきがん》のようなものである。燈はガラスのなかにある。ガラスは、〔輝く星のよう〕。

というクルアーン第二四章御光章三五節の一部が引用されている。この語句の引用は、ほかのモスク・ランプでも頻繁に使用されている。

胴部には、装飾文字で、

主人たるスルターン・マリク・アルザーヒル・アブー・サイドに誉れあれ。
神が彼を勝利に導くように。

という頸部のメダリオンに類したスルターンの賞賛句が書かれている。朱で文字の輪郭が描かれ、そのなかに金の痕跡が見られることから、文字は金色であったことがわかる。

そのほかの部分は、主に唐草文でうめられている。文様の隙間には、金がぬられており、モスク・ランプは、当時、金色に輝いていたと考えられる。首部のつけね部分にある円文は、表面ではなく、内側にエナメル彩がぬられている。

コプト教会に吊るされたシャンデリア型ランプ

モスク・ランプは、ガラス製品としての傑作であるだけではなく、数少ないイスラームの美術品と呼べるような作品である。このランプの点灯法には、蠟燭を立てる、水をいれてその上に油を浮かせて金属の芯立てを設置するなどいくつかの説があるが、炭化痕がないことや、内面にエナメル彩画されていることなどから、火はともさなかったという説がもっとも有力である。つまり、このランプに火がともされなかったとしたら、これは照明具としての実用品ではなかったということになる。しかし、表面に金がぬられていたので、ランプは、点火しなくても金色に輝いて、光という象徴的な意味を体現していたのである。そして、なによりも装飾のなかに書かれているように、ガラスは、唯一無二の神である光を包むものであり、ランプ自体が神々しいものであったと考えられる。

ガラスに描かれたキリスト教徒

エナメル彩装飾モスク・ランプのプロト・タイプがキリスト教会で発見されたと伝えられているように、キリスト教徒もイスラーム・ガラスと深い関連を

●—キリスト教徒が描かれたエナメル彩装飾ビーカー（部分、十三世紀半ば、ボルティモア、ウォルターズ・アート・ギャラリー）

●—キリスト教修道院の風景を描いたエナメル彩装飾瓶（部分、十三世紀、個人蔵）

もっている。両者の関わりは、イスラーム社会内部の製造や使用にかかわる側面と、交易や技法の伝播による外部接触にかかわる側面の二側面がある。

イスラームによる征服以前の中近東地域は、東ネストリウス派▲、シリア正教（ヤコブ派）▲、コプト教などが土着のキリスト教として根を張っていた。彼らは、ビザンツ帝国の皇帝権力に抵抗感を示し、イスラームの主権を認めることで財産と安全を保障されたズィンミー▲として、イスラーム化が進む十世紀ころまで多数を占めた。その後も要職を務めるなど一定の影響を残し、現在にいたっている。

『ゲニザ文書』のなかにも、キリスト教徒のガラス職人にかんする記述がみられる。一〇一〇年に書かれた文書には、ユダヤ教徒金細工師と境を接して活動するキリスト教徒ガラス職人名があり、また、別の文書ではアレクサンドリアからカイロへ訪れたビザンツのガラス職人など海外のキリスト教徒が登場している。

また、製品自体も、キリスト教のシンボルである十字架が描かれたゴールド・サンドウィッチ・ガラス▲をはじめとして、キリスト教徒との関わりを示す

▼東ネストリウス派　コンスタンティノープル大司教ネストリウスが主張したイエスの神性と人間性を分離した説を支持するキリスト教の一派。四三一年に小アジアのエフェソスで開催された宗教会議で異端とされたが、その後、サーサーン朝下で広まった。

▼シリア正教　キリストの人間性は神性に吸収され、神性のみがあるとする説。四五一年のカルケドンで開催された宗教会議で異端とされた。シリアの文化伝統に根ざし、六世紀にビザンツ帝国による迫害のもとで教会の組織化につくしたヤコブ・バラダイオスの名にちなんでヤコブ派とも呼ばれる。

▼ズィンミー　被征服民の非ムスリム。財産と安全を保障されるかわりに、イスラームの主権を認め、戦争時の協力、人頭税と土地税をおさめるなどの義務を負った。

▼ゴールド・サンドウィッチ・ガラス　二層のガラスのあいだに金箔をはさみこんだ装飾技法。

ゴールド・サンドウィッチ・ガラス・タイル（九〜十二世紀、中近東文化センター）

例がある。とくに、十三世紀半ばに製作されたエナメル彩ガラスにキリスト教会や修道士などが写実的に描かれており、興味深い。

四七頁下に示したエナメル彩装飾瓶には、十字架を冠した建物を含む四つの建物と、建物に区切られた四つの場面に、光背の描かれたさまざまな位の修道士およびそこで働く労働者の修道院内での作業風景が描かれている。修道院は自給自足をむねとするが、ここでは、ナツメヤシ採集、鋤《すき》を引く牛による耕作、果実の採集とロバによる運搬、おそらくワイン製造用の葡萄の収穫、という四つの場面を見ることができる。メトロポリタン美術館のイスラーム美術史家カルボーニが指摘するように、これらのモチーフには、イスラーム宮廷風景を描いた当時の作風の影響もみられ、同時代の金属器にみられる主題とも共通する。

この瓶の製造地はシリアと考えられるが、当時、シリアには、地元のシリア正教徒のほかに、十字軍に従軍してきたヨーロッパのキリスト教徒がおり、彼らによって建設されたイェルサレム王国が存在していた。ヨーロッパからこの地を訪れた人びとは、自国にはないシリアの美しいガラス器に目を奪われ、競ってこれを国に持ち帰ろうとした。この瓶にみられるような製品の水準の高

エナメル彩装飾ビーカー（十三世紀半ば、ボルティモア、ウォルターズ・アート・ギャラリー）

さやキリスト教徒好みのモチーフの採用は、キリスト教徒向けの輸出用として製作された可能性もある。

ボルティモアのウォルターズ・アート・ギャラリーにある一対のビーカーは、前述の瓶に類似したドーム屋根の建物や光背をいただく人物が描かれている（四七頁上図および五〇頁上図）。これも、やはり、修道院の情景と考えられる。ロバに乗った人物が描かれたビーカーは、一説には、イエス・キリストのイェルサレム入場を描いた場面であるといわれている。この一対のビーカーには、上下にアラビア文字の書かれた二本の帯があり、破損のため全文は解読できないが、一つには、

　われわれの主人たるスルターン・アルマリク……に栄光あれ

という語句がみられる。文字どおりであれば、キリスト教徒が服従の意を示すために、土地の有力者もしくは政治的権力者であるスルターンに献上した製品とも解釈できる。しかし、そう解釈せずとも、このころのシリアでは、アラビア語はキリスト教徒にとっても公用語であり、この句は一般に広まっていた常套句であることから、当時の世情を反映したガラス製品におけるキリスト教と

イスラームの融合作品とみることもできよう。

ユダヤ教徒ガラス職人の活躍

『ゲニザ文書』は、書簡、法廷記録、各種契約書、勘定書など多様な文書類の集積であるが、このなかに、カイロとフスタートを中心に活動していた多くのユダヤ教徒ガラス職人について述べられているものがある。内容は、ガラス産業にかかわる業務提携契約にかんする文書がもっとも多い。

一一三四年にアブー・サアドとマナッセという二人のガラス職人のあいだで結ばれた契約書には、つぎのように書かれている。

後者〔マナッセ〕は前者〔アブー・サアド〕に一〇ディーナール▲の借金をしている。アブー・サアドは、この一〇ディーナールのほかに二〇ディーナール分の原料を提供し、マナッセが道具類を整えた。燃料費、雇用人の給料、その他諸経費は二人で均等に支払った。アブー・サアドが工房で働くのは週に二日のみで、マナッセは借金を返済すべく働いた。この契約の有効期限は六カ月半であった。

▼ディーナール　金貨の重さを示す単位であり、金貨そのものの呼称でもある。

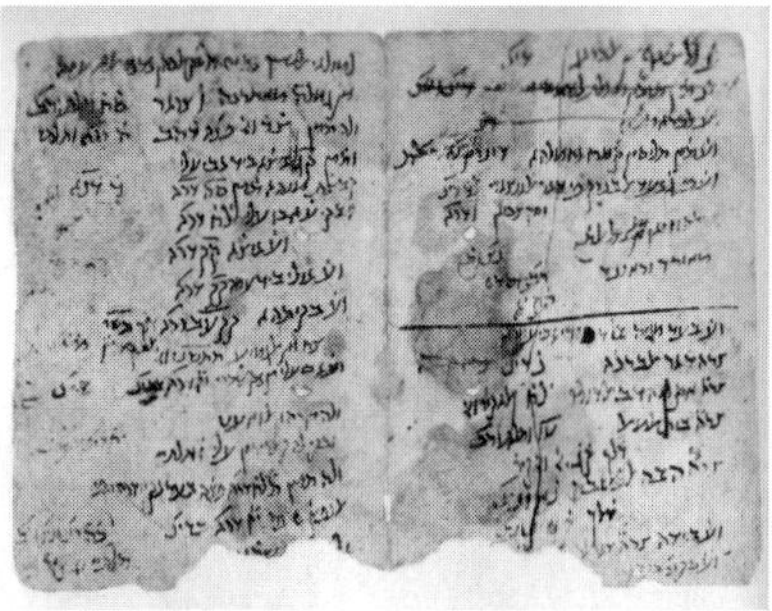

『ゲニザ文書』

これをみると、出資金だけではなく、ガラス原料、道具類、燃料費、雇用人の給料にいたるまで事細かに契約書のなかで規定されている。このような契約は永続的なものではなく、短期間に限定されていた。また、アブー・サアドとして登場する人物は、ユダヤ教徒のネザネル・ビン・ジョセフのことで、アラビア語名とヘブライ語名を使い分けていたようである。アブー・サアドの名は、一一三六年のワイン製造業との契約書にもみられ、一五一〇ディーナール中、四〇〇ディーナールを出資している。彼は、ガラス製造にとどまらず、関連産業と連携して活躍する当時の有力なガラス職人であった。

また、十二世紀後半にエジプトのユダヤ教徒の長に送られた質問状のなかに、ユダヤ教徒とムスリムの銀細工師とガラス職人のあいだで交わされた契約にかんするものがある。このなかで、彼らの宗教が異なるため生じた安息日の問題が取り上げられている。ユダヤ教徒は土曜日、ムスリムは金曜日が安息日であり、宗教的に労働が禁じられている。金曜日と土曜日にはそれぞれの安息日でない日には働き、金曜日の収益をユダヤ教徒のものとし、土曜日の収益をムスリムとするということが取り決められていた。しかし、共有財産である道具を

『ゲニザ文書』にみられるガラス器

亜麻仁油入瓶 2	4 ディーナール
オリーブ油用容器 4（バスケット付）	1 ディーナール
レモンジュース用ガラス容器 3	1¼ディーナール
空のガラス瓶 18	2 ディーナール
重量秤，鉛製分銅 4，行商用計寸・計重用板	¾ディーナール
合計	9 ディーナール

〔出典〕Goitein, *A Mediterranean Society vol.1*

ユダヤ教徒の安息日である土曜日にパートナーであるムスリムが使用してよいかどうかについて判断をあおいでいる。結果は、是とされたようである。ここに、相手と自己との相違を認め、取り決めることで、異教徒同士の問題を解決し、共存しようとする態度がみてとれる。

ユダヤ教徒の活躍は、製造業にとどまらず、商業分野にも広がっている。一〇四年一月の油と豆の小売業における店舗契約のなかに、出資品として、ほかの主商品とともにガラス器が容器および商品としてあげられている(上表参照)。これをみると、油やジュースなどの商品をいれる容器としてガラス器が使用されており、同時に内容物がはいっていない空のガラス器も商われていた。これらの商品が、ディーナール(金貨)、ディルハム(銀貨)、ファルス(銅貨)という貨幣単位のなかの最高単位ディーナールで取引されており、高価であったことがわかる。

中国の史書にみられるガラス器

ガラス器およびガラス器にいれられた商品は、イスラーム地域内にとどまらず、遠隔地にまで交易された。中国の史書に、その具体例を見出すことができ、異国の産物であるがゆえに、内容物がなんであったかという記載もあり、イスラーム社会におけるガラス器の用途を考えるうえでの資料にもなっている。『宋史』巻四九〇列伝第二四九外国六大食国の項目には、つぎのようにある。

至道元（九九五）年、その国の舶主蒲押陁黎が蒲希密に書簡をもたせ、眼薬がはいった小さい琉璃瓶二〇、白砂糖がはいった琉璃甕三……外国の五味子がはいった琉璃瓶各六、外国の扁桃がはいった琉璃瓶一、薔薇水がはいった琉璃瓶二〇、を献上した。（中略）また、帰徳将軍の陁羅離を派遣し、缻にはいった香、象牙……碧白色の琉璃酒器、薔薇水……などを献上した。

大食国とは、当時の中国でアラビアにあるイスラームの国のことを指すが、この時代では、アッバース朝のことである。このころ、中国は北宋の時代で、九世紀から十世紀にかけて、ペルシア湾からインド洋を通って、東西海上交易が非常に活発で、イスラームの国からさまざまな物品が中国に流入した。

眼薬は、中近東地域でクフルと呼ばれる眼の両縁にラインを入れるために使用される化粧顔料のことであると考えられる。方鉛鉱（硫化鉛）を主な原料とし、

▼**『宋史』**　宋代の歴史を記録した紀伝体で書かれた中国正史の一つ。元代に編纂され、一三四五年に完成した。全四九六巻。

▼**大食**　タージー（イラン）という語の音訳で、唐宋代、中国人のムスリム、アラビア方面の人びとにたいする呼称であった。

イスラーム時代では、医療目的で使用され、眼医者があつかう顔料であった。

砂糖は、中国ですでに知られていたが、木灰を使用する白砂糖精製技術は、十三世紀末から十四世紀前半の元の時代にエジプトから流入したとマルコ・ポーロ▲が伝えており、十世紀ころにはまだ黒砂糖であった。したがって、イスラーム世界からはいってくる透明なガラス器にいれられた真っ白な砂糖は、たいそう魅惑的なものに見えたであろう。

五味《ごみ》子▲、扁桃《へんとう》（アーモンド）などの各種香辛料や香料もガラス器にいれられて、中国にはいってきた。八世紀後半のエジプトのヴェセル・スタンプにも、多くの香辛料、香料などの呼称がみられ、種類が豊富で、貴重な交易品であった。

薔薇《ばら》水は、薔薇油と蒸留水との混合物を濾過《ろか》した液体で、芳香があり、不快な香りなどを消すために用いられた。衣類にかけたり、客人を招き入れるときなどに部屋に散布されたりすると同時に、料理にも使用された。

このほかに、ガラス器と深い関係にあるものとして酒器があげられる。ウマル・ハイヤーム▲など、ペルシアの散文詩にも飲酒をテーマとした作品が数多くあり、酒器としてのガラス器が登場する。イスラームの教えでは、基本的に酒

▼マルコ・ポーロ（一二五四〜一三二四）　ヴェネツィア出身の旅行家。中央アジアを経由して元の首都大都にいたり、そこで一七年間フビライに仕え、海路帰国した。『東方見聞録』として知られる『世界の記述』をまとめた。

▼五味子　酸、苦、甘、辛、鹹（しおからい）の五種の味の総称。ここでは、ある種の香辛料のことであろう。

▼ウマル・ハイヤーム（一〇四八〜一一三一）　ニーシャープール生まれ。宮廷に登用され、多くの科学書や暦の編纂にあたった。一方で、詩人として、「ルバイヤート」を残し、このなかに、運命、酒、美女などが詠み込まれていた。

は良くないものであると禁止されているが、イスラーム社会には、酒を嗜《たしな》んだり、儀式に使用したりする異教徒も多く存在していた。ガラス製造が発達した東地中海地域は、同時にワインの産地でもあり、絵画にもみられるガラス器にいれられた赤い液体はワインであったと想像される。

中国でも、美しい風景とともに飲酒が詩の題材として多く取り上げられている。イスラーム時代初期に並行する唐代の詩人李白▲や杜甫▲も飲酒にかかわる数多くの作品を残している。このなかに「濁酒の杯」という表現があるように、中国の酒は白濁酒もしくはそれを漉《こ》した清酒であった。中国の酒器は、木器、磁器や玉器など不透明な素材が使用され、透明なガラス器はめずらしく、異国情緒をさそうものであったろう。

▼**李白**（七〇一～七六二）　自由奔放な詩風で、飲酒を好み、詩仙と称された。

▼**杜甫**（七一二～七七〇）　李白と肩を並べる盛唐代の詩人で、詩聖と称された。「春望」など有名な作品がある。

④—東西交易の商品としてアジアへ

日本、中国へのイスラーム・ガラスの流入

日本が自国で吹きガラスを製造するようになったのは江戸時代の十七世紀にはいってからであり、これ以前のガラス器はすべて舶来品であった。中近東地域から伝来した古い例では、奈良の新沢千塚《にいざわせんづか》一二六号墓発見のローマ・ガラスや東大寺正倉院のサーサーン・ガラスなどがある。イスラーム・ガラスでは、九世紀の日本の迎賓館にあたる福岡の鴻臚館《こうろかん》▲遺跡の発掘調査で発見された二片、「西国舎利瓶」として知られる唐招提寺▲の舎利容器などがある。

中国でも、舎利容器や仏事のさいの奉納品としてガラス器が使用された例があり、銀製の蓮装飾の蓋をもつ小瓶、金の小箱におさめられた舎利のはいった小瓶などが発見されている。これらは、イスラーム世界で化粧用小瓶として使用されていたもので、まったく異なる用途に転用されている点が興味深い。とくに、複数のイスラーム・ガラスが発見されている唐代の法門寺と北宋代の静志寺が重要である。

▼**鴻臚館**　律令制以来、外国使節を接待した館のことで、平安京(京都)、摂津(大阪)、太宰府(博多)に設けられたとされる。

▼**唐招提寺**　奈良市五条町にある律宗の総本山。天平宝字三年唐僧鑑真(がんじん)が創建した。

陝西《せんせい》省扶風県にある法門寺は、唐王朝▲と縁が深い寺院で、則天武后▲も手厚い保護をおこなった。一九八七年に発掘された舎利塔基壇は、八七三年の供養以来開帳されておらず、ここから金銀さまざまな宝物に加え、一〇点をこえるイスラーム・ガラスが発見された。埋蔵年代が推定できる法門寺の例は、年代考察のうえでも重要であると同時に、いずれの製品も、当時の最上品として位置づけられる。先端が尖った道具で彫込みをいれた藍色ガラスの刻線カット装飾盤は、六点セットで発見され、水準の高さは当代随一といえる。盤のほかにも、経文紙片がいれられた紐および小円盤を貼付した装飾瓶、器具で装飾された幾何文の杯、石榴《ざくろ》文ラスター・ステイン装飾碗など、多くの情報を語る貴重な遺物がある。

河北省定県にある静志寺は、北宋▲代九七七(北宋太平興国二)年に建立された舎利塔から、一九六九年の発掘で二〇点のイスラーム・ガラスと中国ガラスが発見された。中国の研究者宿白によると、石碑のいくつかにガラス器の埋蔵年代にかかわる記述がある。大中十二年の石碑には、

　唐定州静志寺重葬真身記伊に、大中二(八四八)年に古い塔の基礎を掘った

▼**唐王朝**(六一八～九〇七年)　首都は長安。隋の諸制度を継承して律令制を確立し、東アジア世界の政治・経済・文化の中心として栄えた。八世紀半ば以降衰退し、九〇七年に滅んだ。

▼**則天武后**(六二四～七〇五)　中国史上唯一の女帝で、六九〇年に周王朝を建てるが一代で終わる。

▼**北宋**(九六〇～一一二七年)　後周の趙匡胤が、唐末五代の混乱を収拾して宋を樹立。官僚制をともなう君主独裁国家で、首都は開封。一一二七年に金によって滅ぼされ、南に移って樹立された宋王朝を南宋と呼び、区別する。

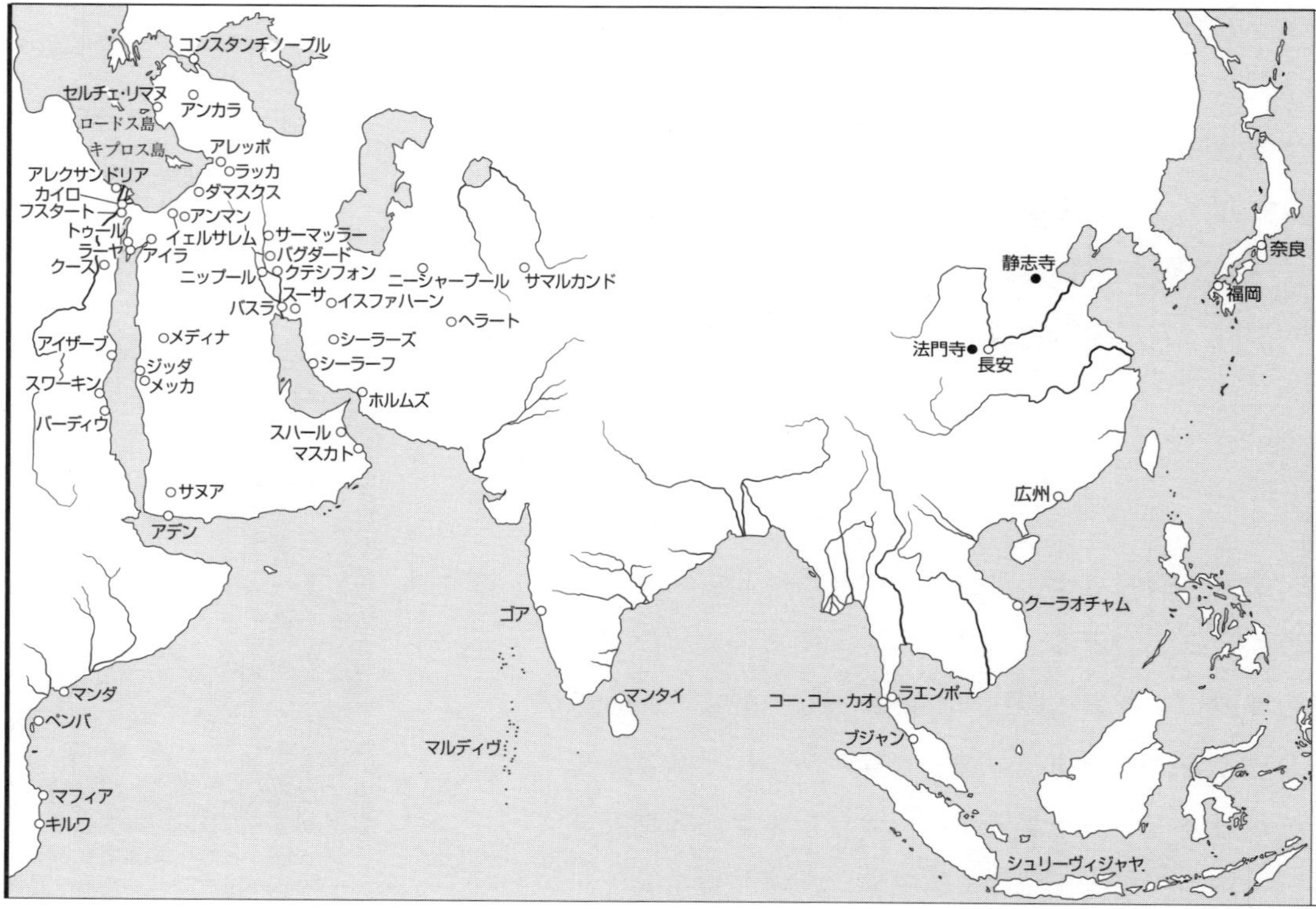

●――イスラーム・ガラスが出土した主な遺跡と主要都市

中国で発見された石榴文ラスター・ステイン装飾碗（九世紀、法門寺出土）

ときに銀塔をえ、銀塔内には琉璃瓶が二点あり、小は白色、大は碧色で、両瓶は入れ子になり、水をいれたようになっていた。……
と記されている。これは、出土した青と無色の一対の円筒形ビーカーに相当すると考えられる。静志寺の出土品は、線カット装飾の小瓶以外は当時広く流通していたシンプルな吹きガラスで、法門寺の出土品のような豪華さはないが、中国社会において依然としてイスラーム・ガラスが、希少かつ高価であったことを示している。

中央アジアのオアシス都市

東アジア地域へのガラス器の流入経路には、陸路と海路がある。陸路にかんしては、シルクロードの名で日本での関心も高い。

スウェーデンの探検家ヘディン▲が中央アジア探検でさまよえる湖ロプノールを発見し、そこに栄えていた楼蘭《ろうらん》王国▲の栄華が明らかとなった。近年、新疆《しんきょう》ウイグル自治区にある楼蘭の王墓と思われる墓の発掘で、色彩あざやかな壁画が発見され、話題を呼んだが、そこに描かれている臣下の手には、ガラス製の酒

▼**ヘディン**（一八六五～一九五二）　スウェーデンの地理学者。一八八五年以来中央アジアを踏査し、一九〇一年に楼蘭王国を発見した。

▼**楼蘭王国**　紀元前後から五世紀ころに栄えたオアシス都市。

杯が握られていた。多くの東西絵画のなかで、杯がガラス製と判断される基準は、手や指が杯を透かして描かれることで、楼蘭の壁画もこの例にもれない。楼蘭王国が栄えたのは紀元前後から五世紀ころで、イスラームが起こる以前のことである。すでに、このころから、中央アジアでは、砂漠を点在するオアシスを結ぶルートを通って、ガラス器が西から東へ運ばれていたのである。

　また、アフガニスタンのベグラム▲からも、彩画装飾のほどこされた高級ローマ・ガラスが発見されており、日本の調査隊が発掘をおこなったウズベキスタンのダルヴェルジン遺跡▲からも、両地域の交流を示す人面スタンプの付されたガラス小瓶が発見された。これらは、砂漠を点在する内陸アジアのオアシス都市▲を結ぶルートを通って、ガラス器が西から東へ運ばれたことを示している。

　中近東地域がイスラーム時代にはいる七世紀以降も、于闐《ホータン》、高昌《トルファン》、回鶻《ウイグル》などの西域諸国からガラス器が中国に朝貢品として献上されたことが史書に記載されている。中国から出土したガラスを見ると、多くは、中央アジアで製作されたガラス器ではなく、中継交易によってえられたイスラーム・ガラスである。ペンジケント、サマルカンドなどの中央アジア各地で出土したイスラーム期の

▼**ベグラム**　東西交通の重要拠点の一つでクシャン朝の王都であった。

▼**ダルヴェルジン遺跡**　前三世紀から存在した大オアシス都市の一つ。

▼**オアシス都市**　砂漠や草原などの乾燥地帯で水がえられるオアシスに形成された都市。東西交易ルートを結ぶ中継地としても繁栄し、列強の争奪の的ともなった。

ウズベキスタンで発見された貼付装飾小瓶（六～七世紀、ダルヴェルジン遺跡出土）

ガラス器については、一九六〇年代にロシア(当時のソ連)の研究者が、組成・様式を中心にまとめているが、これらも、一般的なイスラーム・ガラスの系統にのっとっている。

しかし、中央アジアでガラス器がまったく製造されていなかったというわけではない。化学分析の結果、中央アジアのガラス器はカリ分が高いという特徴が明らかとされており、様式的にイスラーム・ガラスを踏襲し、現地でもガラス製造がおこなわれていたことを示している。新疆ウイグル自治区にある遼代の陳国公主▲墓出土のガラス器にも、イスラーム・ガラスの様式を踏襲したイラン北部もしくは中央アジア地域の製品と考えられる製品がみられる。

▼**陳国公主**　遼代の小国、陳の国の公女で、一〇一八年に十八歳で没した。

東西を海で結ぶ東南アジア

イスラーム時代にはいると、強大な唐王朝の滅亡および遊牧民族の定住化と国家樹立などによるオアシス・ルートの衰退、アッバース朝による政治的安定とそれにもとづく海域保護と商人擁護、船舶技術の向上などの複合的要因から、東西交易の主力は、陸上ルートから海上ルートに移行していった。ガラス器にとっては、陸上輸送に比べて海上輸送のほうが物品を安全かつ迅速、そして、多量に運搬できることから最適な手段であった。近年、インドから東南アジアにかけての港湾都市の発掘が進み、中近東地域と中国を海でつなぐガラス交易ルートがしだいに明らかとなってきている。

　マレー半島中央の西部に位置するブジャン渓谷には、複数の遺跡が点在しており、ここから多量のローマ・ガラスが発見されている。これらの破片は、イスラーム期以前の海上ルートによるガラス器交易を実証するもので、出土した破片がリサイクル用原料であった可能性も指摘されている。この遺跡群の一つであるケダー遺跡からは、モスク・ランプのプロト・タイプのほか、無装飾、型装飾、紐装飾などのイスラーム・ガラスも出土している。このほか、マレー半島を横断するルート上にある西部のコー・コー・カオ、東部のラエンポーの遺跡からも、イスラーム・ガラスの発見例があり、マレー半島西岸の港で陸揚げされた商品が、半島を陸路横断して、東岸の港からふたたび船に積まれた実態を示している。マレー半島先端部を迂回するルートは、地形が複雑で海賊も多く、航海の難所であったが、インドネシアのシュリーヴィジャヤ王国▲は、海

▼シュリーヴィジャヤ王国（七～十四世紀）　スマトラ島東南部を中心にした王国で、十世紀に最盛期をむかえた。大乗仏教が栄えるが、十四世紀にヒンドゥー教国のマラッカ王国の台頭で衰退した。中国名三仏斉。

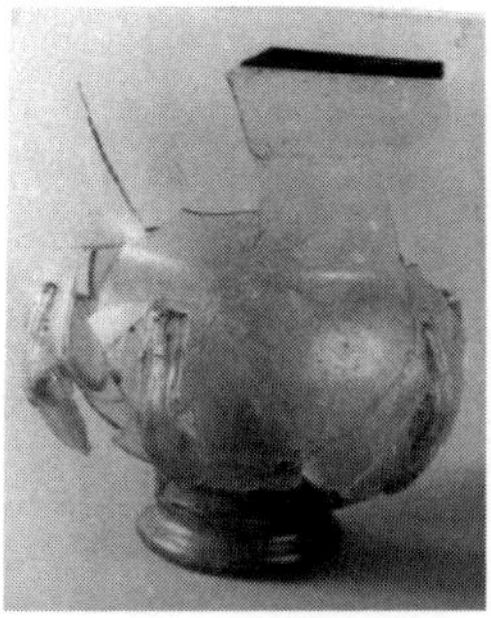

イスラーム・ガラスの東漸を示すランプ（十世紀、ケダー遺跡出土）

上交易を活発におこない、ガラス交易にも深くかかわっていた。『宋會要輯稿』蕃夷七之五五至五六には、

淳熙五（一一七八）年正月六日に三仏斉国（スマトラ島のシュリーヴィジャヤ）からガラス器一八九点、青ガラス器四点、ガラス器入砂糖などが献上された。

と書かれている。南宋にたいし、二〇〇点以上もの多量のガラス器が一度に献上されており、想像以上に多くのガラス器が海上ルートをつうじて交易されていた実態が推測できる。

インドシナ半島では、チャンパー王国が栄えていた。ヴェトナム中部のホイアン対岸に位置するクーラオチャム（チャム島）には、海上交易上の主要な港がある。ここは、九世紀にアラブの商人によって書かれた『シナ・インド物語』のなかにでてくる「スンドル・フーラート」と考えられており、船の寄港地として重要な条件となる真水がえられることが記載されている。この島のバイラン地区の発掘調査が一九九八年と九九年に実施され、九世紀の越州青磁や青釉イスラーム陶器など東西交易を示す遺物が出土し、ガラスでは、ラスター・ス

▼**南宋**（一一二七〜一二七九年）　一一二七年の北宋の滅亡後、南に逃れた一族によって再興された宋王朝。首都は臨安（杭州）。一二七九年、元によって滅ぼされる。

▼**チャンパー王国**　二世紀末から十七世紀にヴェトナム南部のチャム人によって支配された王国。インド文化の影響を受け、海上交易で栄えた。中国名占城。

▼**ホイアン**　明代に交易都市として栄えた。日本人町も建設されていた。郊外に、チャンパー王国の首都であったチャキウの遺跡がある。

テイン装飾ガラスの小片や、型装飾・器具装飾ガラス片など、ヴェトナムではじめてとなるイスラーム・ガラスが発見された。このなかには、法門寺出土の貼付装飾瓶と同類の装飾瓶片が含まれており、法門寺のガラス器が、海上ルートで中国に運ばれたことを暗示する貴重な考古学的発見となった。

チャンパー王国の交易にかんしては、『宋史』巻四八九列伝第二四八の占城（チャンパー）の項にも記載があり、献上品のなかにガラス器がみられる。

薔薇水があって、衣服に吹きかけておくと年をへても香りがつきず、石油は水をそそぐとますます火勢が盛んとなるが、どちらも瑠璃瓶にいれられている。

このように薔薇水や石油▲などの中近東地域で産する貴重な液体の保存容器としてガラス器が使用されていたのである。

▼石油　石油も当時から、燃料、医薬品などに使用されていた。すでに九世紀にはイラクのバクー油田から良質な石油が産出され、輸出されていた。

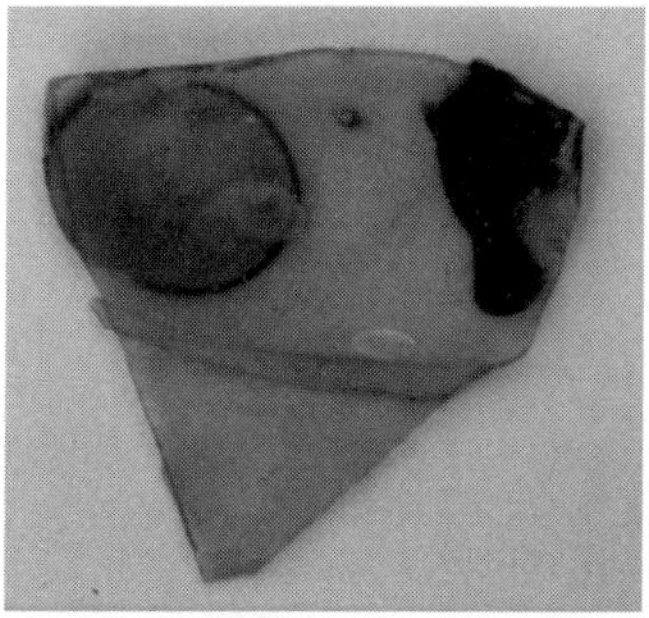

ヴェトナムで発見された貼付装飾片（八〜九世紀、クーラオチャム遺跡出土）

ペルシア湾と紅海のガラス交易

バグダードに居を定め、政治的安定期をむかえたアッバース朝は、九世紀ころからさかんに東西交易に着手した。その担い手となったのは、ペルシア湾東岸の港湾都市シーラーフの商人たちで、その交易活動の広さは、東アフリカ沿岸部からアジアにまでおよんだ。東アフリカ沿岸部には、シーラージーと呼ばれるイランのシーラーズ出身の人びとが移住し、マンダ、キルワ、モンバサなどにイスラーム交易の拠点となる居住地を形成した。これらの遺跡からは、九〜十世紀を中心とするイスラーム・ガラスも出土している。

十世紀末になると、イラン地域をおそった大地震によって港湾都市シーラーフが崩壊し、バグダードも内部抗争や洪水などで衰退し、イスラーム世界の政治・経済・文化の中心がイラクからエジプトへと移行した。これにともない、海上交易の主要ルートもペルシア湾から紅海に移った。

一世紀に書かれた『エリュトラー海案内記』▲が示すように、紅海は、すでにローマ時代にガラス交易の海上交易ルートの一端を担っていた。このなかにでてくる「多色ガラス」および「大理石の模倣品」とは、高級ガラス製品の製造がもっとも盛んであったアレクサンドリア製のモザイク・ガラスであると考えられている。さらに、ガラス原料にかんする記述もあり、製品のみならず原料交易もおこなわれていた事実が述べられている。

▼**『エリュトラー海案内記』** 一世紀なかごろ、エジプトに住むギリシア人が著した航海記で、エジプトを出発し、紅海を南下し、インド北西部にいたる航海ルートをたどっている。

▼アデン　現在のイエメンにあるアラビア半島の南西端にある港湾都市で、紅海の入り口にあたる重要拠点であった。ポルトガルのインド洋進出のおりにも、攻防戦がくりひろげられた。

十世紀末のファーティマ朝成立以降、この航路の重要性がまし、世界史の表舞台に登場するようになる。ファーティマ朝は、カイロを拠点とし、イスラーム諸国からさまざまな人・技術・物品が流入し、アジアとヨーロッパ間の交易でもヴェネツィアとともに重要な役割をはたすようになった。この結果、両都市に世界中の富が集積することとなり、輝かしい繁栄を誇った。紅海も、そのための主要な海上交易ルートになり、『ゲニザ文書』にも、その活動を記すインド洋交易にかんする記載が多くみられる。

紅海の南端に位置するアデン▲は、東西交易、インド洋支配の重要な拠点であった。『ゲニザ文書』にもたびたび登場し、アデンからフスタートの住人に宛てた手紙には、「ベイルート製の赤ガラス、もしなければ白ガラスのはいった枝編み細工のバスケット」を送るようにという注文が書かれている。赤ガラスの赤というのは色調のことではなく、おそらく、品質の高さを示す語であったと思われる。

アデンでガラス器を購入する目的は、アデンおよびその周辺の住人の使用のためと、さらに東方世界へ輸出するための仕入れにあった。年代は不詳である

十六世紀のアデン港

▼**キンディー**（八〇一～八六六頃）　イスラームの哲学者。百科全書派として、ギリシア哲学から学び、哲学、数学、天文学、占星術学、医学、薬学にかんする多くの論文を書いた。著作の一部はラテン語に翻訳され、後世にも大きな影響を与えた。

が、アデンからインドへの輸出品目が書かれた『ゲニザ文書』に、「エジプトおよびイエメン製ガラス」という表現があり、アデン近郊でもローカルなガラス製造がおこなわれていたことがわかる。エジプトからきたガラス器は高級で、さらに東方への輸出目的が主であったかもしれない。一一三九年にアデンから南西インドのマラバールへ宛てた手紙には、

　一ニサーフィー〔ディーナールのこと〕のガラスを購入した。それは、ゴブレット六八点、碗一〇点、カップ五点で、一キーラートのバスケットにはいっており、合計一ニサーフィーになる。さらに、バスケット入りの緑の瓶五点で一一キーラート、総額一ディーナール一一キーラートになる。

と書かれている。おそらくエジプト方面から仕入れられた八八点ものガラス器は、マラバールの商人に売られ、さらに東方にまで転売されていくのであろう。商品の種類は、ゴブレット、碗、カップは、食卓で使用する飲器であるが、緑の瓶という表現にかんしては、特殊な用途を示すものの可能性がある。例えば、キンディー▲によって九世紀に書かれた『医薬合成階梯《かいてい》』のなかに、処方した薬を「ガラス瓶」や「緑の容器」にいれるという表現がある。したがって、『ゲ

ニザ文書』にでてくる緑の瓶もこのような薬瓶のことであったかもしれない。

シナイ半島の港町ラーヤとトゥール

紅海に面するシナイ半島の港湾都市は、交易ルートとしてだけではなく、穀物輸送ルート、キリスト教徒やムスリムの巡礼ルートとしても重要な役割をはたしていた。シナイ半島中央部には、モーセ▲が十戒を授かったと伝えられるシナイ山があり、その麓にはギリシア正教の聖カタリーナ修道院▲が築かれた。したがって、ここはユダヤ教、キリスト教、イスラームにとって重要な聖地の一つになっており、巡礼の対象となった。エジプトから海路でこの修道院に向かうさい、船はシナイ半島先端部に近いトゥールの港に上陸し、ワーディ▲沿いに進んで修道院をめざした。また、ムスリムによるメッカ巡礼▲のさいも、スエズから出向して寄港する最初の港がトゥールであった。

現在のトゥール市キーラーニー地区にある港湾遺跡は、マムルーク朝時代に整備され、国際商業上の重要な役割をはたした都市であった。一八六九年のスエズ運河▲開通後は、エジプトの税関や検疫所がおかれ、メッカ巡礼の正式ルー

▼モーセ　紀元前十三世紀ころに、ヘブライ人を率いてエジプトを脱出し、シナイ半島を流浪したあと、パレスティナに導いた預言者。シナイ山で神から十戒を授かり、ユダヤ教の律法の基礎を築いた。

▼聖カタリーナ修道院　四世紀ころにできた修道院が、六世紀に皇帝ユスティニアヌス一世によって要塞化され、聖女カタリーナの信仰と結びついた。周辺地域がイスラーム化されるなか、ギリシア正教の修道院として今日にいたっている。

▼ワーディ　砂漠地帯の雨季以外は水が流れない川。

▼メッカ巡礼　アラビア語でハッジュと呼ばれ、巡礼月の八日から十日のあいだにメッカのカーバ神殿に詣でること。ムスリムの義務である五柱の一つである。

▼スエズ運河　フランス人レセップスの設計で建設された地中海と紅海を結ぶ運河。一八七五年にイギリスに売却されたが、一九五六年にエジプトによる国有化宣言がなされた。

ラーヤ遺跡城塞空中写真

ラーヤ遺跡出土ガラス小瓶（十〜十一世紀）

トの寄港地に加えられた。ここから八キロ南にラーヤ遺跡があり、キーラーニー地区の港が機能する以前のこの地域の港湾都市、いわば、オールド・トゥールであった。一九八五年以来、川床陸夫を隊長とする日本の調査隊が両遺跡の発掘調査を継続しておこなっている。

　この二つの遺跡からは、一万点をこえるガラス器が発見され、出土点数の多さはほかに例をみない。とくに、ラーヤ遺跡出土のガラス器は、イスラーム・ガラスが格段の発展をとげた九世紀から十一世紀にかけての重要な時期にあたっている。

　ラーヤで使用されていた実用ガラスの多くは、淡青緑の無装飾ガラスである。ガラスが青緑色になるのは、ガラスの原料に使用する砂のなかに含まれている鉄分が発色するためである。ガラスには無色透明のイメージがあるが、無色にするには技術が必要で、初期イスラーム・ガラスや地方生産のガラスには、このように緑味を帯びたガラスが多い（三三頁参照）。

　通常、地方都市では実用的で素朴なガラスが大多数を占めるが、ラーヤは国際商業ルート上重要な港であったことから、実用品のほかに国際交易品として

●シナイ半島図

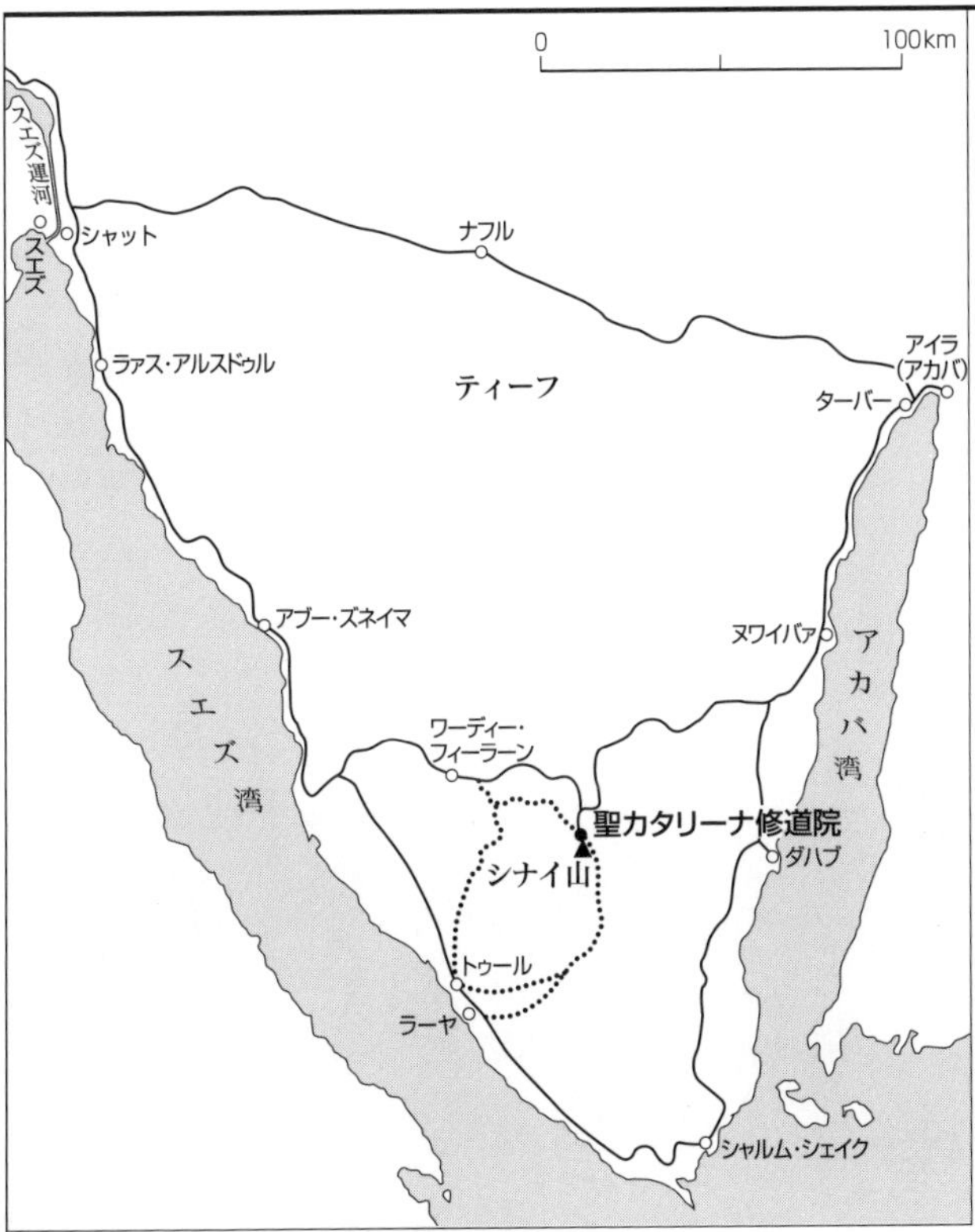

●ラーヤ遺跡出土ガラス杯（十～十一世紀）
杯上部に倣文字のカット装飾がほどこされた無色透明の高級ガラス。

ラーヤ遺跡出土のクフル瓶とその内容物

の品質の高い装飾ガラスも多く出土する。

装飾ガラスでは、大部分の無装飾ガラスと同じ青緑色の素地に装飾されたラスター、器具・型・刻線装飾、無色透明ガラスの各種カット装飾などが主なものである。なかでも、ラスター・ステイン装飾ガラスは、これまでに各地の遺跡で数点程度しか出土しない高級ガラスであるが、ラーヤからはこれまでに二〇〇点以上出土している。大部分が青緑色のガラスに淡色もしくは濃淡二色の褐色ラスターで彩画したタイプであり、数色の顔料を用いた多彩ラスター、オレンジ・ラスターなど希少な製品も発見されている。

中国の遺跡である法門寺出土の刻線カット装飾盤および器具装飾ビーカー、静志寺出土の無装飾ビーカーや濃青丸底瓶、天津独楽寺、陳国公主墓ほかで発見されたカット装飾長首瓶、チュニジアのサブラおよびセルチェ・リマヌ沖の沈没船出土のカット装飾杯など、遠隔地交易の商品の類品も、枚挙に暇がないほど出土している。さらには、古代ガラスでみられたモザイク、ゴールド・サンドウィッチ、カメオなどの非常に高度な技術を要する装飾技法の復活も看過することができない。緑色カット装飾の鉛ガラスなど極めてめずらしい製品も

●—トゥール・キーラーニー遺跡発掘風景

●—トゥール・キーラーニー遺跡出土ガラス瓶（十六〜十八世紀）

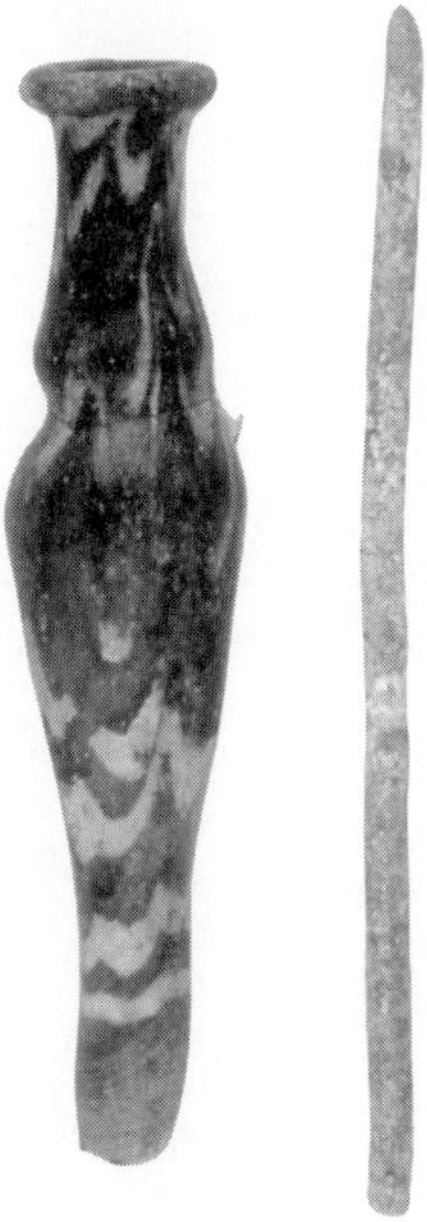

●—トゥール・キーラーニー遺跡出土練込み装飾クフル瓶と化粧棒（十三〜十四世紀）

ガラス製ブレスレット（十四～十九世紀、トゥール・キーラーニー遺跡出土）

存在しており、ラーヤ出土ガラスは、イスラーム・ガラス研究の宝庫となっている。

一方、トゥール遺跡からは、十四世紀から現代にいたるまでのガラス器が発見されている。この遺跡からもっとも多く出土するタイプは、直径が一センチもない非常に細長い首部と扁平な胴部をもつ瓶である（七三頁右下）。同形の瓶は、ギリシアのロードス島およびテッサロニキなどからも発見されており、聖地巡礼をおこなったギリシア正教徒が聖水をはるばる持ち帰るときに使用した瓶であったと考えられる。この港湾都市の性格を如実にあらわす史料であるといえる。

とくに重要なものとして、十四～十五世紀の層から発見された練込み装飾クフル瓶があげられる（七三頁左下）。この小瓶の内部には内容物が残存しており、瓶の横には化粧棒も並んで出土した。発掘によって、このような状態で出土することは稀有《けう》であり、分析の結果、内容物も方鉛鉱を主原料とするクフル顔料である可能性が指摘され、容器の用途を確定する貴重な史料となっている。

また、多彩なガラス製ブレスレットも多数出土している。

⑤—地域と時間をこえてヨーロッパへ

ビザンツとイスラーム

ビザンツ帝国は、六世紀のユスティニアヌス一世▲治下で最盛期をむかえ、その領土は中近東地域にもおよび、一四五三年にオスマン帝国に滅ぼされるまで首都のコンスタンティノープルを中心に栄えた。この帝国でつくられたガラス器をビザンツ・ガラスと呼ぶが、その範囲は、四世紀から十五世紀にかけての膨大な時間と広大な地域に広がる。各地でガラス工房址も発見されているが、主にシンプルな実用ガラスの工房であり、教会や修道院の発掘で発見されるランプとワイン用の杯、十字架文のある型装飾瓶などの一部の種類を除くと、ビザンツ・ガラスの特徴づけは難しい。さらに、イスラーム・ガラスが成立すると、相互に影響をおよぼしあい、境界線が曖昧となり、どちらの製品であるかという議論がいまだ決着していない例もある。

イスラーム・ガラスの基盤の一つが後期ローマ・ガラスに位置づけられるビザンツ・ガラスであることに加え、文献史料や考古史料が示すように、製品と

▼**ユスティニアヌス一世**(在位五二七〜五六五) ビザンツ皇帝。かつてのローマ帝国領である西ヨーロッパ諸国に遠征をおこない、帝国領を最大とした。『ローマ法大全』の集大成や聖ソフィア(ハギア・ソフィア)聖堂の建設など、内政や文化にも力をそそいだ。

セルチェ・リマヌ沖沈没船出土ガラス瓶と杯の実測図(十〜十一世紀)

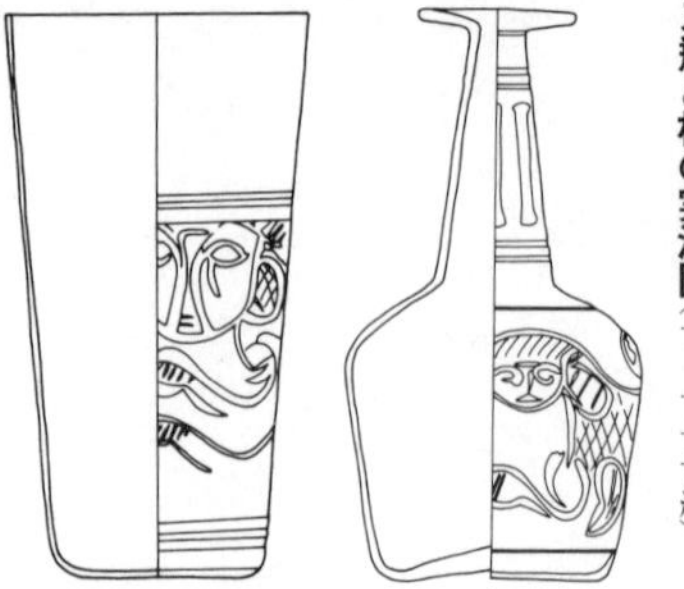

▼**カエサリア**　現在のイスラエル領地中海沿岸部にあるハイファの南に位置するかつての港湾都市で、紀元前三〇年にヘロデによって建設された。十字軍によって建設されたイェルサレム王国の首都となり、一二六五年にイスラームによって破壊された。

原料の輸出、人びとの頻繁な往来がおこなわれ、両者間の関係は非常に緊密であった。『ゲニザ文書』にも、アブー・アルハイルというアラビア語名をもつユダヤ教徒職人やアレクサンドリアからカイロへ旅してきたガラス職人などビザンツ出身の職人の存在が示されている。彼らは、ビザンツとイスラーム世界を股にかけ、相互の技術を融合していった。また、製品自体も活発に交易されていった。

ロードス島の対岸にあたるトルコ、セルチェ・リマヌ沖の水深三六メートルの地点で発見された沈没船には、黒海地域のアンフォラ、イスラーム陶器、ガラス製品、ガラス原料などが積まれていた。この船は、一〇二五年ころ、十字軍の要塞があったカエサリア▲もしくはその周辺の港で多くの商品を積み、コンスタンティノープル方面へ向けて出航し、不幸にしてこの海域で座礁した。この船の構成員は、船員や商人はキリスト教徒であったと考えられている。一九七七年から七九年にかけてこの沈没船の水中発掘がおこなわれ、カットや型装飾がある瓶、カップ、碗、水注などファーティマ朝期の水準の高いガラス製品が積荷のなかから発見された。また、船底には、船体の安定を保つためのバ

▼サロニカ　エーゲ海に面するギリシア北部の都市で、紀元前三一五年に建設され、マケドニア王国のもとでヘレニズム文化を広めた。一四六年以降は、ローマ帝国領マケドニアの首都として栄え、その後、ビザンツ帝国の主要都市の一つとなった。

聖ディミトリオス教会（テッサロニキ）五世紀にギリシア正教会として建立されたが、オスマン帝国支配下でモスクに、そして近年ふたたび教会として改築された歴史的変遷をへた教会。

ラスト（重し）として、三トンにもおよぶ原料ガラスが積まれていた。このことは、製品と原料が一つの船で同時にビザンツ領へ輸送されていたことを示している。

　ビザンツ第二の都市サロニカ▲、現在のテッサロニキは、ビザンツ文化の中心として栄え、現在も教会を飾る壁画の素晴らしさはビザンツ美術研究者を惹きつけている。その中心である聖ディミトリオス教会は、五世紀に建設されたギリシア正教会であるが、オスマン支配期にモスクに改築された。現在、ふたたびギリシア正教会として使用されているが、鐘楼などにオスマン期の名残を残している。地下には、モスク改築以前に教会で使用されていた遺物の一部が展示されている。このなかには、教会の壁を飾ったゴールド・サンドウィッチ・ガラス・タイルやステンド・ガラスなどの建築装飾材としてのガラス、聖水瓶として使用された細長首瓶などがあり、シリアやエジプトなどの中近東地域とのさまざまな関わりが指摘できる。

　とくに、シリア北部は、シリア正教徒が数多く存在していたキリスト教徒の影響が強い土地であり、カエサリアは当時イェルサレム王国の首都でもあった。

聖シスト教会(ピサ)**にうめこまれていたエジプトのラスター彩陶器**
(十一世紀、ピサ市立博物館)

▼ピサの大聖堂　一一七三年に起工し、一三五〇年に完成されたイタリアの代表的なロマネスク建築。付属の塔は、ピサの斜塔としても有名である。

また、ギリシア正教の聖カタリーナ修道院への巡礼をつうじてのシナイ半島との関わりも見逃すことはできない。したがって、このような製品の発見は、単純にイスラーム・ガラスの交易を示すにとどまらず、イスラーム圏に住むギリシア正教徒もしくはほかのキリスト教徒との関連も示している。

ヴェネツィア・ガラスへの影響

中世イタリアの都市国家は、ジェノヴァやピサ、ヴェネツィアが海上都市国家として東方交易で栄え、東地中海地域のイスラーム圏との接触をもちながら発展していった。

ピサの大聖堂▲には、ファーティマ朝エジプトから伝わった金属製のグリフィン像や金属器が保管されていることが知られている。さらに、ピサにある教会建築には、バチーニといわれる壁面に陶器をうめこむ建築装飾がほどこされている。聖シスト教会に代表される十一～十二世紀建立の教会には、ラスター彩陶器をはじめとするエジプト、チュニジア、アンダルシアなどのイスラーム陶器もうめこまれていた。これらの文物は、当時のピサとイスラーム圏との交流

●—レリーフ・カット装飾碗（九〜十世紀、ヴェネツィア、サン・マルコ聖堂宝物館）

●—ヴェネツィアで製作されたエナメル彩装飾杯（十四世紀、ロンドン、大英博物館）

●—海からサン・マルコ広場を望む（ヴェネツィア）

▼**サン・マルコ聖堂**　九世紀に聖マルコの遺骸をアレクサンドリアから移送してきて建設された。

▼**ホラーサーン**　イラン北東部の地方。アッバース朝成立の重要拠点であり、その後、イラン系イスラーム文化の中心地の一つとなった。

を示しているが、ジェノヴァとの戦争に敗れると、ピサは海上交易の表舞台から姿を消した。

最終的に東地中海地域の制海権を掌握し、イスラーム圏との交易を独占したのがヴェネツィアである。サン・マルコ聖堂▲の宝物のなかにも、数点のイスラーム・ガラスが含まれている。疾走するウサギがレリーフ状に装飾された淡青色不透明ガラスのカット装飾碗の上部は、宝石や七宝がうめこまれた豪華な金のパネルで飾られている。ガラス器には、イラン東北部の地名であるホラーサーン▲という文字があり、一方、口縁を飾る金のパネルにはビザンツ皇帝ロマノスの名がある。したがって、ガラス器は、おそらくホラーサーンと関係する地で製作され、十世紀ころにコンスタンティノープルで金のパネルが取りつけられたと考えられる(七九頁上図)。サン・マルコ聖堂への伝来については、十五世紀半ばにヴェネツィアからイスタンブル(旧コンスタンティノープル)に外交団が派遣されたさいに贈られたものであるといわれている。

しかしながら、ガラス史のうえで重要なのは、このような高価な贈答品よりも、むしろ、ガラス製造業におけるヴェネツィア・ガラスとイスラーム・ガラ

運河沿いにガラス工房が立ち並ぶムラノ島の街並

スとの密接な関わりにある。ヴェネツィアは、ガラスの技法が外部にもれないように職人をムラノ島に集めるほどガラス産業に力をいれていた。これらのガラス製造が、イスラーム世界との接触のなかで、ガラスの技法やセンスを磨いていったことは想像にかたくない。十三〜十四世紀にヴェネツィアで書かれた公証文書や条例には、ガラスの交易にかんする文書が数多くあり、原料となる植物灰、ガラス塊、リサイクル用の破片ガラス、着色用のコバルト塊などをエジプトおよびシリアから輸入していたという記載もある。

十三世紀にシリア地域で製作が開始されたエナメル彩装飾杯は、時間をおかず、ヴェネツィアでも製作されるようになった。そして、徐々に、イスラーム風な器形、意匠を脱し、ヴェネツィア・ガラスとして発展していた。十五世紀以降、ガラス産業の力関係は逆転し、ヴェネツィアからガラス原料やガラス容器、鏡などのガラス製品がイスラームの国々にまで輸出されるようになった。ここにいたって、さまざまな意味において世界で最高水準を誇っていたイスラーム・ガラスは、その座をヴェネツィアにゆずることになったのである。そして、ガラスの技法が諸外国にもれないように苦心していたヴェネツィアの努力も空しく、これらの技法がイスラーム起源であると知られることなく、ヴェネツィア・ガラスの技術は西ヨーロッパ世界に広まり、発展していった。

十字軍が運んだイスラーム・ガラス

　西ヨーロッパ世界とイスラーム世界の交流は、主に、東地中海の覇権を握ったヴェネツィアを介したものであったが、聖地イェルサレム巡礼などをつうじて、直接的接触もおこなわれていた。一〇九六年の第一回十字軍▲のあと、この地にとどまった戦士によってイェルサレム王国が建設され、イスラーム圏のなかにカトリックのキリスト教国が成立した。一二〇二年に派遣された第四回十字軍▲は、イェルサレムではなく、ビザンツ帝国の首都コンスタンティノープルを占領し、ラテン帝国▲を樹立した。このころから、聖地回復という目的は形骸化していき、十字軍は商業的目的が強くなっていった。

　これらの十字軍活動は、多くの西ヨーロッパの人びとにイスラーム文化の高さを見せつけることとなり、さまざまな製品、技術、学問などが、西ヨーロッパ諸国に伝わり、ルネサンス運動に結びついた。ガラス製品では、絢爛《けんらん》豪華な

▼第一回十字軍（一〇九六～九九年）
フランスを中心に編成され、聖地奪回に成功。

▼第四回十字軍（一二〇二～〇四年）
ヴェネツィアが主導権を握り、商業権拡大の目的で推し進められた。

▼ラテン帝国（一二〇四～六一年）
ヴェネツィアの植民国家。ビザンツ帝国の反撃で滅亡。

エナメル彩装飾杯（十三世紀、ロンドン、ヴィクトリア・アンド・アルバート美術館）

エナメル彩ガラスがもてはやされ、人びとは、競って国に持ち帰った。
現在、ロンドンのヴィクトリア・アンド・アルバート美術館に展示されているエナメル彩装飾杯は、十字軍に参加した兵士によって持ち帰られた製品として有名である。これは、「エデンホールの幸運」という名をもち、イギリス中部のエデンホール村に代々伝えられたものである。このガラス杯の保管のため、十四世紀にヨーロッパで特注された皮製の容器が一緒に展示されている（上図）。
また、ウィーンの大聖堂宝物館にある二点のエナメル彩ガラスの瓶は、ハプスブルク家のルドルフ四世公が所有していたもので、彼の死後、一三六五年に、シュテファン大聖堂にほかの多くのコレクションとともに寄贈された。この巡礼瓶と単把手瓶は、最後の十字軍と一二九一年以前の十字軍時代に聖地からもってこられ、祖父から父に伝えられ、彼の手にわたったものと推定されている。このなかの一点には、ナスヒー書体のアラビア文字で「われらが君主スルターンに栄光あれ」と書かれ、最後のスルターンという語が何度も繰り返されている。描かれている人物は、瓶の首部上部にローブを着た一〇人の人物、胴部中央に四人の楽士、そして、両脇に騎馬人を見ることができる。もう一点の単把

イスラーム風エナメル装飾皿（十九世紀、中近東文化センター）

手瓶には、人物文はいっさいなく、唐草文と組合せ幾何文のみでうめられている。ナスヒー体アラビア文字で「知識」という意味の一語のみが繰り返されている。

このほかにも、十字軍によって西ヨーロッパ諸国に持ち帰られた製品は存在し、ヨーロッパにおけるガラス工芸を触発し、ヴェネツィアから導入した技術とともに装飾ガラスを発展させることとなった。

アール・ヌーヴォーとオリエンタリズム

ヨーロッパにおいて、中世のイスラーム・ガラスがふたたび大きな脚光をあびたのは、十九世紀後半以降、新しい芸術運動アール・ヌーヴォーの時期である。ガラス作家たちの関心を引いたのは、モスク・ランプをはじめとするエナメル彩ガラスであった。すでに、十字軍時代にイスラーム世界からヨーロッパにもたらされていただけではなく、この時代のオリエント趣味の影響で、中近東や中国などから多くの製品が購入された。また、発掘で発見された出土品なども少しずつ増加していた。エナメルの装飾技法自体は、ヨーロッパに伝わってはいたが、イスラーム風のあざやかで濃厚な色彩の復元には、多くの試行錯誤が繰り返された。

たえまない研究と試作の結果、パリのガラス作家フィリップ・ジョセフ・ブロカール(一八九六年没)が、一八六七年のパリの万国博覧会で、みごとなイスラーム風エナメル彩ガラスを出品し、話題を呼んだ。一八九一年には、「ガラスへのエナメル適用と金箔の新しい製法」で特許も取得している。

その後、多くのガラス作家、ガラス工房がこの流れに追随した。フランスでは、ナンシーで活躍したエミール・ガレが、イスラーム・ガラスのコピーという枠をこえ、オリジナルからの脱却をはかっている。イスラーム意匠に題材をとりながら、アラビア文字をさらに装飾化したり、描かれる人物がヨーロッパの騎士であったり、そこにヨーロッパ的な要素を加えたりしている。また、エナメル技法にほかの装飾技法を組み合わせるという技術的な応用もおこなった。

ウィーンでも、皇帝からガラス会社設立許可をえ、皇室からの注文も受注していたロブマイヤー工房で、イスラーム・ガラスの忠実なコピーが製作された。さらに、さまざまなイスラームの意匠に題材をとり、「アラビア」「ムーア」

▼ナンシー　パリの北二八〇キロに位置し、アール・ヌーヴォー運動の拠点の一つとなった。

▼エミール・ガレ(一八四六〜一九〇四)　アール・ヌーヴォー期にガラス、陶器、家具などの分野で活躍した芸術家。とくに、ジャポニズムの作品が有名。

「ペルシア」「トルコ」などのイスラーム風のシリーズをつぎつぎと発表し、各地の博覧会で好評をえた。ウィーンの大聖堂には、十字軍時代にもってこられた二点の有名なエナメル彩イスラーム・ガラスの瓶があり、これもウィーンにおける芸術活動の展開に少なからぬ影響を与えたであろう。

また、ヴェネツィアのムラノでも十九世紀後半以降、モザイク技法やマーブル技法など古代ガラスの技法や十六〜十九世紀のヴェネツィア・ガラスの復元にも力をそそいだ。そのなかで、イスラーム風エナメル彩モスク・ランプも製作されている。

過去から現在へのメッセージ

以上みてきたように、紀元前十六世紀に登場したガラス器は、実用品や工芸品、さらには、芸術の対象に昇華され、現代にいたっている。その過程のなかで、イスラーム・ガラスが時間と地域をこえてはたした役割ははかりしれない。「モノ」をとおして見てきたイスラーム世界の人びとには、宗教、民族、地域、文化の違いを認め、他を尊重し、異質なものを受け入れる姿勢がみられる。

ガラス器一つを取り上げてみても、イスラーム以前から存在するガラスの製法を引き継ぎ、ユダヤ教徒の職人が活躍し、ヨーロッパや中国にまで交易圏が広がるなど、中世のグローバル化された世界がそこにある。そして、そこには、ガラス器を製造し、商い、使用していた人びとの姿が見え隠れしている。

ガラス器をはじめとする土器や陶器、金属器などは、一見無機的な物質にすぎない。これらを題材に研究をおこなうとき、技術や様式などの解釈にとらわれがちになる。しかし、それらを製造し、交易し、使用していた人間の存在に思いをいたさなければ、本当の価値は生じてこない。時に、それらは人びとの生活や生業を写し出す鏡となる。

このような「モノ」をつうじて生活文化の復元を試みるという視点は、方法論としても課題を残しているが、多くの可能性を秘めていることも事実である。なぜなら、現代の人が「モノ」を手にしたときに千差万別の思いをいだくのと同じように、過去の人もなんらかの美意識や思いをいだいていたからである。特定の人の所有ではない過去の遺物をとおして、だれもが等しく対話することで、無限大の可能性が生まれるのである。

参考文献

アフマド・Y・アルハサン、ドナルド・R・ヒル（多田博一・原隆一・斉藤美津子訳）『イスラム技術の歴史』平凡社　一九九九年

小川裕充・弓場紀知編『五代・北宋・遼・西夏』（世界美術大全集　東洋編5）小学館　一九九八年

オマル・ハイヤーム（小川亮作訳）『ルバイヤート』（岩波文庫）岩波書店　一九七九年

尾本惠市・濱下武志・村井吉敬・家島彦一編『海のアジア』全6巻　岩波書店　二〇〇〇～二〇〇一年

川床睦夫『イスラーム考古学25年史』中近東文化センター　二〇〇二年

川床睦夫監修『エジプトのイスラーム文様――生活に華開いた美しき意匠』ＭＩＨＯ ＭＵＳＥＵＭ　二〇〇三年

古代オリエント博物館・岡山市立オリエント美術館編『古代ガラスの技と美――現代作家による挑戦』山川出版社　二〇〇一年

小林一枝『「アラビアン・ナイト」の国の美術史――イスラーム美術入門』八坂書房　二〇〇四年

桜井清彦・川床睦夫編『エジプト・イスラーム都市アル＝フスタート遺跡発掘調査一九七八～一九八五年』早稲田大学出版部　一九九二年

佐藤次高『イスラームの生活と技術』（世界史リブレット17）山川出版社　一九九九年

H・ジョン（山田幸正訳）『イスラム建築』（図説世界建築史6）本の友社　二〇〇一年

真道洋子『イスラームのガラス――ガラスに見るイスラームの生活と美』中近東文化センター　二〇〇二年

陣内秀信・新井勇治編『イスラーム世界の都市空間』法政大学出版局　二〇〇二年
杉村棟編『イスラーム』（世界美術大全集　東洋編17）小学館　一九九九年
A・スティアリン『ISLAM　イスラム――初期の建築バグダッドからコルドバまで』TASCHEN　二〇〇二年
谷一尚『ガラスの考古学』（ものが語る歴史2）同成社　一九九九年
中山公男監修『世界ガラス工芸史』美術出版社　二〇〇〇年
羽田正『モスクが語るイスラム史――建築と政治権力』（中公新書）中央公論社　一九九四年
平山郁夫シルクロード美術館編『シルクロードのガラス――時空を越えた魅惑の輝き』（MUSAEA　JAPONICA6）山川出版社　二〇〇七年
深見奈緒子『イスラーム建築の見かた――聖なる意匠の歴史』東京堂出版　二〇〇三年
深見奈緒子『世界のイスラーム建築』講談社　二〇〇五年
藤本勝次訳注『シナ・インド物語』関西大学出版部　一九七六年
J・ブルーム、S・ブレア（桝屋友子訳）『イスラーム美術』（岩波世界の美術）岩波書店　二〇〇一年
桝屋友子『すぐわかるイスラーム美術――建築・写本芸術・工芸』東京美術　二〇〇九年
三浦徹『イスラームの都市世界』（世界史リブレット16）山川出版社　一九九七年
三上次男『陶磁の道――東西文明の接点をたずねて』（岩波新書）岩波書店　一九六九年
三上次男責任編集『イスラーム』（世界陶磁全集21）小学館　一九八六年
家島彦一『イスラム世界の形成と国際商業――国際商業ネットワークの変動を中心に』岩波書店　一九九一年

家島彦一『海が創る文明――インド洋海域世界の歴史』朝日新聞社　一九九三年

由水常雄編『世界ガラス美術全集』全6巻　求龍堂　一九九二年

Carboni, Stefano, *Glass from Islamic Lands The al-Sabah Collection Kuwait National Museum,* New York, Thames & Hudson, 2001.

Carboni, Stefano and David, Whitehouse, *Glass of the Sultans,* New York, The Metropolitan Museum of Art, 2001.

Goitein, S. D., *A Mediterranean Society Vol.1 Economic Foundations,* Los Angels, University of California Press, 1967.

Hillenbrand, Robert, *Islamic Art and Architecture*, London, Thames & Hudson, 1999.

Irwin, Robert, *Islamic Art,* London, Calmann & King Ltd., 1997.

Jenkins, Marilyn, *Islamic Glass: A Brief History,* New York, The Metropolitan Museum of Art, 1986.

Kröger, Jens, *Nishapur: Glass of the Early Islamic Periods,* New York, The Metropolitan Museum of Art, 1995.

Lamm, Carl, *Das Glas von Samarra,* Berlin, 1928.

Lamm, Carl, *Mittelalterliche Gläser und Steinschnittarbeiten aus dem Nahen Osten,* Berlin, 1929.

Scanlon, George T., and Ralph, Pinder-Wilson, *Fustat Glass of the Early Islamic Period : Finds excavated by The American Research Center in Egypt 1964–1980.* London, Altajir World of Islam Trust, 2001.

写真提供および図版出典一覧

古代オリエント博物館 61
MIHO MUSEUM 36左下
中近東文化センター 7下, 9, 30, 34, 35左, 36上, 36右下, 49, 84
中近東文化センター・イスラーム・エジプト調査隊
カバー裏, 2右, 2左, 3, 7上, 11上, 14上, 19, 20, 21上, 21中, 21下, 22, 25中, 27, 33, 37上, 37右下, 37左下, 38, 40, 70右, 70左, 71上, 71右下, 71左下, 72, 73上, 73右下, 73左下, 74
Anderson, R. and I. Fawzy, *Egypt Revealed,* Cairo, 1987. 25下
Atil, E., *Renaissance of Islam, Art of the Mamlukes,* Washington, 1981. 8, 47上, 50
Bass, G. F., "The Nature of the Serce Limani Glass", *JGS Vol.26,* 1984. 76
Choo, A. A., *Arcaheology A Guide to the Collections National Museum Singapore,* Singapore, 1987. 63
Cresswell, K.A.C., *The Muslim Architecture of Egypt,* New York, 1978. 11下, 14下
von Folsach, K., *Islamic Art, The David Collection,* Copenhagen, 1990. 35右
Goitein, S. D., *A Mediterranean Society Vol.1 Economic Foundations,* Los Angels, University of California Press, 1967. 51
Gorin-Rosen Y., (ed. Nenna, M. D. *La route du verre*), Lyon, 2000. 25上
Grube, E. J., *Islamic Pottery,* London, 1976. 4, 10
Irwin, R., *Islamic Art,* London, 1997. カバー表
Kammerer, M.A., *La mer rouge,* 1935. 68
Carboni, S. and W. David, *Glass of the Sultans,* New York, The Metropolitan Museum of Art, 2001. 47下, 79上, 79中
Tait, H., et al., *Five Thousand Years of Glass,* London, 1991. 43, 83
Llewellyn, B., *The Orient Observed,* London, 1989. 扉
張廷晧編『法門寺』西安　1990 60
著者撮影 23, 24, 31, 45, 46, 65, 77, 78, 79下, 81

世界史リブレット76

イスラームの美術工芸《びじゅつこうげい》

2004年4月25日　1版1刷発行
2021年8月31日　1版4刷発行

著者：真道洋子《しんどうようこ》

発行者：野澤武史

装幀者：菊地信義

発行所：株式会社 山川出版社

〒101-0047　東京都千代田区内神田1-13-13
電話　03-3293-8131(営業) 8134(編集)
https://www.yamakawa.co.jp/
振替　00120-9-43993

印刷所：明和印刷株式会社

製本所：株式会社 ブロケード

世界史リブレット　第Ⅰ期［全56巻］〈すべて既刊〉

1 都市国家の誕生
2 ポリス社会に生きる
3 古代ローマの市民社会
4 マニ教とゾロアスター教
5 ヒンドゥー教とインド社会
6 秦漢帝国へのアプローチ
7 東アジア文化圏の形成
8 中国の都市空間を読む
9 科挙と官僚制
10 西域文書からみた中国史
11 内陸アジア史の展開
12 歴史世界としての東南アジア
13 東アジアの「近世」
14 アフリカ史の意味
15 イスラームのとらえ方
16 イスラームの都市世界
17 イスラームの生活と技術
18 浴場から見たイスラーム文化
19 オスマン帝国の時代
20 中世の異端者たち
21 修道院にみるヨーロッパの心
22 東欧世界の成立
23 中世ヨーロッパの都市世界
24 中世ヨーロッパの農村世界
25 海の道と東西の出会い
26 ラテンアメリカの歴史
27 宗教改革とその時代
28 ルネサンス文化と科学
29 主権国家体制の成立
30 ハプスブルク帝国
31 宮廷文化と民衆文化
32 大陸国家アメリカの展開
33 フランス革命の社会史
34 ジェントルマンと科学
35 国民国家とナショナリズム
36 植物と市民の文化
37 イスラーム世界の危機と改革
38 イギリス支配とインド社会
39 東南アジアの中国人社会
40 帝国主義と世界の一体化
41 変容する近代東アジアの国際秩序
42 アジアのナショナリズム
43 朝鮮の近代
44 日本のアジア侵略
45 バルカンの民族主義
46 世紀末とベル・エポックの文化
47 二つの世界大戦
48 大衆消費社会の登場
49 ナチズムの時代
50 歴史としての核時代
51 現代中国政治を読む
52 中東和平への道
53 世界史のなかのマイノリティ
54 国際体制の展開
55 国際経済体制の再建から多極化へ
56 南北・南南問題

世界史リブレット　第Ⅱ期［全36巻］〈すべて既刊〉

57 歴史意識の芽生えと歴史記述の始まり
58 ヨーロッパとイスラーム世界
59 スペインのユダヤ人
60 サハラが結ぶ南北交流
61 中国史のなかの諸民族
62 オアシス国家とキャラヴァン交易
63 中国の海商と海賊
64 ヨーロッパからみた太平洋
65 太平天国にみる異文化受容
66 日本人のアジア認識
67 朝鮮からみた華夷思想
68 東アジアの儒教と礼
69 現代イスラーム思想の源流
70 中央アジアのイスラーム
71 インドのヒンドゥーとムスリム
72 東南アジアの建国神話
73 地中海世界の都市と住居
74 啓蒙都市ウィーン
75 ドイツの労働者住宅
76 イスラームの美術工芸
77 バロック美術の成立
78 ファシズムと文化
79 オスマン帝国の近代と海軍
80 ヨーロッパの傭兵
81 近代技術と社会
82 近代医学の光と影
83 東ユーラシアの生態環境史
84 東南アジアの農村社会
85 イスラーム農書の世界
86 インド社会とカースト
87 中国史のなかの家族
88 啓蒙の世紀と文明観
89 女と男と子どもの近代
90 タバコが語る世界史
91 アメリカ史のなかの人種
92 歴史のなかのソ連